公共当局海难救助报酬请求权研究

GONGGONG DANGJU HAINAN JIUZHU BAOCHOU
QINGQIUQUAN YANJIU

刘长霞◎著

中国政法大学出版社

2015·北京

序　言
PREFACE

　　海难救助作为一种商业行为，救助人在救助取得效果之后有权请求救助报酬，这一点已成定论。但是，一国的公共当局出于维护海上交通安全和保护本国海洋环境的目的而对遇险船舶实施或者组织实施的救助，在法律上具有行政行为的性质，对于此种性质的救助是否应该承认其享有救助报酬请求权，该项请求权的法律依据如何，这是在理论上应该解决的问题。

　　刘长霞是我的博士研究生，《公共当局海难救助报酬请求权研究》一书是在她当年的博士学位论文的基础上开展进一步研究所取得的成果。

　　该书从公共当局的内涵出发，对公共当局实施的救助和在其控制下由他船进行的救助进行了详细的解读，书中认真分析了公共当局请求救助报酬在法律上存在的障碍，继而参照国际公约，英、美、南非以及大陆法系一些国家的司法实践，提出对公共当局的救助行为应分别以职责和以行为的性质进行划分并且区别对待的原则。作者在充分论证的基础上，对完善我国相关制度建构提出了有益的建议。

　　关于公共当局的海难救助报酬请求权，学界已有相关研究，比较而言，该书的创新之处在于如下三点：

　　第一，将公共当局从事救助的行为视为控制救助行为的一种表现。长期以来，我国海商法学界在研究公共当局的海难救助行为时，大都将公共当局从事的救助行为与控制救助的行为作为一种并列的行为加以考察，认为二者是相互独立的法律行为。这种区分使人们对公共当局以自有力量从事海难救助行为的性质产生了巨大的争议。该书对两种行为之间的关系从不同的角度进行了分析：针对公共当局在海难救助中的行为表现与性质，将以公共当局为主体的行为区分为从事救助的行为与控制救助的行为两种；针对两种行为之间的进一步联系，认定从事救助的行为与控制救助的行为并非完全独立而无任何联系，从因果关系上讲，应该是先有控制行为，后有从事的行为，继而确定公共当局从事救助的行为是控制行为的结果之一。鉴于在此种海难救助活动中公共当局会组织并协调各种力量开展救助作业，作者认为，公共当局自身的力量也属于被调动的力量之一，故公共当局以自身力量从事救助作业的行为应视同其他应召的救助人所实施的行为。这一划分方式，无疑为公共当局海难救助行为的研究提供了一个崭新的视角。

第二，提出了确定公共当局海难救助报酬请求权的三大原则。关于公共当局的海难救助报酬请求权，学界已有颇多研究。相关研究在论述公共当局是否具有海难救助报酬请求权时，对适用的相关原则大都一笔带过，并未进行深入的分析。该书在对公共当局的海难救助行为进行梳理和分析的基础上，结合各国司法实践，总结出确定公共当局海难救助报酬请求权的三大原则，并进一步分析了三大原则的海商法理论基础，在此基础上提出"以职责范围内外"为原则区分公共当局的海难救助行为，进而判断公共当局是否具有救助报酬请求权及其合理性。

第三，在公共当局海难救助报酬数额的具体确定问题上，提出以公共当局的实际成本支出为计量基础，确定具体的救助报酬数额。海难救助报酬数额的确定，是海事司法实践中不可回避的一项繁重而复杂的工作。"以实际成本支出为计量基础"确定救助报酬数额的方式，关注到了私人救助者与公共当局救助者的不同，充分考虑了公共当局使用的设备及人员的公务属性。此种考量的方式尽管也强调对公共当局开展海难救助作业的鼓励，但在实际计算救助报酬数额时，更偏重于对公共当局实际费用支出的考量。通过对实际费用支出进行补偿而不是鼓励盈利的方式，支持公共当局在其职责范围外开展海难救助。

作者在写作过程中阅读了大量国内外文献，参阅了许多典型案例，熟知国内外的研究现状和理论前沿问题，一切结论均建立在充分论证的基础上。该书对我国处理公共当局的海难救助报酬请求权问题具有重要的参考价值。

刘长霞博士自 2005 年做本科毕业论文时，即在我的指导下开始从事海商法的理论研究工作，至今已近十年。如今她已成为北京工商大学的一名年轻教师，该书作为她的阶段性研究成果能够得以出版，我感到非常欣慰。当然，在年轻的学者面前还有很长的路要走，还有很多堡垒有待攻破，我衷心地期望她在未来的工作中能够更上一层楼，产出更多优秀作品。

傅廷中

2014 年 12 月于清华大学

摘　要
ABSTRACT

当前，重、特大海难事故对海上人命财产安全、海洋环境、通航安全等公共利益构成巨大威胁，为保护本国海洋环境、航道安全等公共利益，公共当局越来越频繁地介入海难救助活动中。在此背景下，公共当局的海难救助报酬请求权成为一个颇受争议的话题。

判断公共当局是否具有海难救助报酬请求权，离不开对公共当局具体海难救助行为的考察。公共当局在海难救助活动中存在多种行为，其中包括公共当局控制救助的行为和自身从事的救助行为，对这两种行为的性质，不能一概而论。公共当局控制救助的行为，是在海难事故发生后，公共当局履行政府职能的一种具体表现。这种行为并不是单个的行为，而是由多个具体行政行为所组成，其中包含了行政强制行为。至于公共当局以自身力量从事救助作业的行为，则应视同其他应召救助人的行为，而不应简单地视为公共当局的行政强制行为。

以"职责范围内外"为原则划分公共当局的海难救助行为，并进而判断公共当局是否具有海难救助报酬请求权，已经成为当前国外司法实践中较为普遍的做法。该原则建立在海难救助报酬的"自愿性"要件基础上，与当前海商法及行政法基本理论相符。在公共当局海难救助报酬数额的具体确定上，以公共当局的实际成本支出为计量基础，确定具体救助报酬数额的方式，关注到了私人救助者与公共当局救助者的不同，充分考虑了公共当局所使用设备及人员的公务属性，通过对公共当局费用支出进行补偿而不是让公共当局盈利的方式，鼓励公共当局在其职责范围外开展海难救助。

公共当局在我国法律上被称为主管机关，关于主管机关的海难救助报酬请求权，我国《海商法》的规定中存在不足，未从实质上解决主管机关的海难救助报酬请求权问题。我国司法实践中采取"一刀切"的方式，不区分主管机关的具体救助行为，只要被救助方对主管机关的救助行为没有做出明确的反对，就认可主管机关就其海难救助行为享有救助报酬请求权。这种做法简单粗暴，既与《海商法》的规定相悖，也不符合海商法的基本理论与长久以来所形成的既定规则。同时，将主管机关的公法行为与私法行为等同对待，统一适用私法解决，于法于理不通。对此，一方面应对《海商法》的相关规定进行修改，另一方面应对我国当前海上救助体制进行调整，为从根本上厘清主管机关的海难救助报酬请求权奠定体制基础。

目 录
CONTENTS

第1章
引 言

1.1 问题的提出

在当前的国际海运中，石油、化工等污染性产品运输逐渐增多，船舶自身携带燃油数量不断增加，船舶发生重、特大水上险情和事故的风险不断增大。一些重大海难事故对海上人命财产安全、海洋环境、通航安全等公共利益构成巨大威胁。为保护沿海国海洋环境、航道安全等公共利益，相关国际公约及国内立法都授权国家采取强制措施干预海难救助。在这一背景下，公共当局越来越频繁地介入海难救助中。实践中，公共当局提起海难救助报酬主张的案例也不断增多。

海商法上的海难救助主要调整平等民事主体之间的海难救助合同关系。作为公法主体的公共当局，能否如同私人救助者一样主张海难救助报酬？公共当局在具体开展的海难救助作业中，通常使用公务人员及设备，如果公共当局具有海难救助报酬请求权，那么在确定公共当局的海难救助报酬数额时，应将公共当局视同私人救助者，还是应特殊对待、特殊处理？

1.2 选题背景及意义

海难救助法律制度作为海商法的一项重要制度，自其产生

1

之初便以鼓励海上救助为其基本价值追求。海难救助报酬作为对救助危难中的船舶或其他海上财产的奖励，成为人们自愿开展海难救助的巨大动力。自愿原则可以说是传统海难救助的一项核心原则，也是海难救助的一项基本构成要件。伴随着海上财产的多样化及世界各国对海洋环境污染的普遍重视，国际公约及相关的国内法均赋予沿海国采取必要措施以保护其岸线或有关利益方免受污染或污染威胁的权利，包括沿海国就救助作业作出指示的权利，从而打破了传统海难救助的自愿原则。

公共当局从事的海难救助与传统海难救助的最大区别在于，公共当局的海难救助往往意味着公权力的介入，其开展救助作业，既是救助方的权利也是救助方的义务及职责；而传统海难救助则强调救助的自愿性，救助行为的实施不能是出于任何公共义务、准公共义务或者合同义务，必须是一种自愿行为，救助方与被救助方之间是一种平等的民事法律关系。传统海难救助制度建立在纯私法基础上，其制度设计的根本目的在于鼓励对遇险船舶或财产的救助；而公共当局实施的海难救助具有强烈的公法属性，其主要意义在于对环境、航道安全等公共利益的保护，其难点在于救助完成后救助款项的请求及分配方式。

我国法律中没有"公共当局"的称谓，而是使用"主管机关"的表述。我国《海洋环境保护法》、《海上交通安全法》等相关法律都已授权国家主管机关对海难救助的干预权。主管机关在我国海难救助实践中，发挥着越来越重要的作用。海难事故发生后，国家主管机关为救助海上人命与财产、维护海洋环境及航道安全等社会公共利益而实际参与救助作业，已经成为一种常态。然而，在事后的救助报酬补偿上，往往存在争议。司法实践中，已经出现多起海事局、渔港监督等主管机关提起的海难救助报酬争议诉讼案件。

我国《海商法》第 192 条仿照《1989 年国际救助公约》第 5 条，对国家有关主管机关的海难救助事项进行了规定。然而该条规定过于笼统，在理论界引发了较大争议。大多数学者认为，该条规定是主管机关海难救助报酬请求权的法律依据，只要是主管机关从事或控制的海难救助，都可以依照该条的规定主张海难救助报酬。也有学者认为，应区分主管机关的海难救助行为，其中对主管机关的强制救助，应定性为行政法上的行政强制，不能根据该条规定享有《海商法》第九章所规定的救助款项请求权。还有学者认为，《海商法》第 192 条主要规范的是强制救助行为，只要是主管机关的海难救助，都可称为强制救助，并依据该条的规定主张救助报酬。

司法实践中的通常做法则是根据救助主体的身份来确定是否适用《海商法》第 192 条的规定，凡是主管机关从事或控制的海难救助，都适用《海商法》第 192 的规定。但在具体适用的过程中，对是否实行自愿原则，是否遵循"无效果，无报酬"的救助报酬确定原则，存在一定的模糊性。在具体救助报酬数额的确定上，尚未形成统一的规则，因而较为混乱。

目前，私法上的海难救助法律制度已经相对完善，对海难救助的性质及其救助报酬的实现都有一整套法律制度加以规范。例如，"无效果、无报酬"的救助报酬请求原则已经成为海难救助领域的一项习惯法原则；随着海洋环境面临污染威胁的现实因素及国际社会对海洋环境保护的重视，"特别补偿权"制度得以形成并在《1989 年国际救助公约》及各国国内法中加以确定。对于海难救助报酬数额的具体确定，国际公约及各国国内法律都规定了相似的考量标准。

我国海事实践中，海事局常常作为主管机关从事、组织、控制相关救助作业，在开展具体救助服务时，往往存在着主管机关与被救助方签订的救助合同，相关救助事项及救助报酬的确定也依照救助合同展开。但是，对这种救助合同的性质，极少有人展开研究。主管机关在具体开展海难救助作业时，通常存在多个法律行为，这些行为，既包括对海难救助活动的指挥、组织及协调，也包括运用自身力量从事海难救助的行为；既包括主管机关职责范围内的行为，也包括主管机关职责范围外的行为；既包括运用公权力强制采取的行为，也包括签订具体救助契约并依据合同采取的行为。然而，理论上极少有人就主管机关的不同救助行为进行研究，并据此分析其海难救助报酬请求权。

公共当局的海难救助活动是随着实践发展的需要而出现的。在公共当局的海难救助中，公共当局是否具有海难救助方的法律地位，是否具有海难救助报酬请求权？目前存在很大的争议。争议出现的根本原因在于我国理论界和海事司法实践对公共当局海难救助行为的性质、公共当局海难救助的本质等基本理论问题尚未形成统一的认识。

公共当局海难救助中公、私法属性共存的特点，使其存在直接统一适用传统海难救助法律规范的理论障碍。那么，在公共当局的海难救助报酬请求权问题上，是应该采取一刀切的方式，对所有救助行为统一适用海商法的规则或者行政法的规则，还是应该区分不同行为采取不同规则？如果对公共当局的救助行为进行区分，应该怎样区分？对不同行为又该适用什么样的规则？从理论上对上述问题进行回答，对完善我国海商法与海事行政法理论、规范海事行政管理，以便在海事司法实践中正确审理公共当局海难救助报酬案件具有重要意义。

1.3 文献综述及研究现状

研究公共当局海难救助报酬请求权的相关文献大致包括教科书、专著、硕士论文及案例评析等几种类型。这些文献呈现出以下特点：①相对而言，实务界人士对这一问题的研究较多，而海商法理论界的学者对此问题的研究较少；②国外相关文献主要为英文文献，其他文献较少；③探讨英国法及美国法的文献较多，探讨其他国家法的文献较少；④因我国法律上没有公共当局的概念，国内对这一问题的研究，主要表现为对主管机关海难救助报酬请求权的研究。具体而言，当前国内外对公共当局海难救助报酬请求权的研究状态如下：

（一）国内研究现状

我国国内对公共当局海难救助报酬请求权的研究主要见诸于对"国家主管机关所从事或控制的海难救助"的研究，特别是对国家主管机关海难救助报酬请求权的研究。这些研究又可以分为两大类，一类是从一般意义上对主管机关的海难救助报酬请求权进行总体研究，一类是以强制救助为主要研究内容，探讨主管机关的海难救助报酬请求权。

1. 对主管机关海难救助报酬请求权的总体研究。

这些研究主要侧重于从海难救助的主体角度研究国家主管机关所从事或控制的海难救助，强调国家主管机关在海难救助中的特殊性，进而探讨由这种特殊性所导致的国家主管机关在海难救助中的法律地位及其救助报酬请求权。相关研究可见诸于以下期刊论文：《国家有关主管机关海难救助报酬请求权》[1]、

---

[1] 林于暄："国家有关主管机关海难救助报酬请求权"，载《水运管理》2008 年第 2 期。

《国家主管机关在海难救助中的权利和义务》[1]、《论海难救助之概念》[2]、《海难救助的性质与法律适用》[3]、《浅析国家主管机关在海难救助中的法律地位及法律责任》[4]、《海事主管机关的救助报酬探讨》[5]等。以及部分硕士学位论文：如：《国家主管机关从事和控制的海难救助相关法律问题研究》[6]、《国家主管机关从事或控制的海难救助中救助款项请求权问题研究》[7]、《国家主管机关海难救助报酬请求权问题研究》[8]、《国家主管机关海难救助若干法律问题研究》[9]等。上述研究中，一般将主管机关的海难救助行为区分为从事行为与控制行为，并以此为基础讨论主管机关的海难救助报酬请求权。

这些研究的积极意义在于：①认识到国家主管机关的海难救助不同于传统海难救助，并区分了国家主管机关从事的海难救助及国家主管机关控制的海难救助；②认识到主管机关的主体身份并不影响其成为海难救助中的救助方；③认识到了我国

---

〔1〕 孙敬东："国家主管机关在海难救助中的权利和义务"，载《中国水运》2008 年第 6 期。

〔2〕 林鹏鸠："论海难救助之概念"，载《大连海事大学学报》1995 年第 3 期。

〔3〕 禹华英："海难救助的性质与法律适用"，载《西南政法大学学报》2010 年第 4 期。

〔4〕 梁磊： "浅析国家主管机关在海难救助中的法律地位及法律责任"，载《珠江水运》2009 年第 7 期。

〔5〕 郭传光："海事主管机关的救助报酬问题探讨"，载《交通科技》2008 第 2 期。

〔6〕 杨质健："国家主管机关从事和控制的海难救助相关法律问题研究"，大连海事大学 2003 年硕士学位论文，第 42 ~ 43 页。

〔7〕 钱俊强："国家主管机关从事或控制的海难救助中救助款项请求权问题研究"，上海海事大学 2006 年硕士学位论文，第 45 ~ 46 页。

〔8〕 李艳： "国家主管机关海难救助报酬请求权问题研究"，大连海事大学 2010 年硕士学位论文，第 40 ~ 42 页。

〔9〕 吴静："国家主管机关海难救助若干法律问题研究"，大连海事大学 2009 年硕士学位论文，第 42 ~ 43 页。

《海商法》第 192 条存在的缺陷；④提出了以"职责内外"为区分标准，判断主管机关具体海难救助行为是否具有救助报酬请求权的基本思想。

其不足在于：①将主管机关的海难救助行为区分为从事行为与控制行为，并以此为基础讨论主管机关的海难救助报酬请求权。该说认为，主管机关的从事行为属于其职责外的行为，此时，主管机关应为民事主体，在海难救助报酬请求权上，与私法主体享有相同的权利；而主管机关的控制行为属于其职责内的行为，不具有海难救助报酬请求权。[1]这种简单区分，既缺乏理论依据，又与实践不符。主管机关从事的海难救助行为，既有可能属于其职责范围内的行为，也有可能属于其职责范围外的行为。②仅对主管机关是否具有海难救助报酬请求权进行了探讨。在海难救助报酬具体数额确定上，没有意识到主管机关海难救助的特殊性。③相关讨论不够深入，仅仅点到为止，相关主张缺乏深入的理论支持。

2. 对主管机关海难强制救助的研究。

这类研究主要集中在一些期刊论文中，另外，相关教科书在介绍海难救助的类型时会对海难强制救助一带而过。相关期刊论文主要有：《论强制救助》[2]、《论主管机关"强制救助权"及其运作特点》[3]、《中国海上强制救助的研究》[4]、

---

[1] 郭传光："海事主管机关的救助报酬问题探讨"，载《交通科技》2008 年第 2 期。

[2] 李民："论强制救助"，载《中国律师 2000 年大会论文精选（下卷）》，法律出版社 2001 年版，第 1~6 页。

[3] 王俊波、刘冬青："论主管机关'强制救助权'及其运作特点"，载《航海技术》1996 年第 3 期。

[4] 谭振宏、郑中义："中国海上强制救助的研究"，载《大连海事大学学报》2007 年第 S2 期。

《我国现行强制救助作业的法律特征及缺陷》[1]以及《强制救助之研究》[2]。

从强制救助的角度研究主管机关的海难救助及其救助报酬请求权，其积极意义在于，认识到了主管机关海难救助区别于一般海难救助的最大特征在于国家公权力对海难救助的介入。强制救助是主管机关开展海难救助的最常见形态。实践中，主管机关海难救助大多数表现为强制救助，对强制救助的讨论也最具有实践意义与理论价值。

然而，当前对海难强制救助的相关理论研究，不足大于成绩，具体而言：

（1）在海难强制救助的界定上存在混乱。尽管不少学者使用了"强制救助"一词，但对于何为海难强制救助，学界并没有统一的认识。相关论述在提及强制救助时，往往一句带过，或认为只要是主管机关组织或控制的救助即为强制救助，或认为强制救助体现为一种强制性救助措施。究其本质，没有人对海难强制救助中的"强制"含义进行深入研究，这种"强制"是对救助方的强制还是对被救助方的强制？其与行政法上的行政强制有何关系？答案并不明确。这种界定的不明确导致了各种争议的产生，如有些学者主张强制救助无论有无效果，都能主张救助报酬。[3]一方面，认为强制救助是海商法上的概念，应该按照海商法来主张救助报酬，另一方面，又认为强制救助是行政法上的概念，不应遵循海商法上"无效果，无报酬"的

---

[1] 张胜春："我国现行强制救助作业的法律特征及缺陷"，载《中国水运》2008年第4期。

[2] 胡正良："强制救助之研究"，载《中国海商法年刊》2010年第3期。

[3] 司玉琢：《海商法》，法律出版社2003年版，第261页；最高人民法院民事审判第四庭、交通运输部救助打捞局：《水上救助打捞精选案例评析》，法律出版社2011年版，第61页。

救助报酬请求原则。王是对强制救助含义的界定不清，导致了上述看似合理实质上自相矛盾的结论的产生。

（2）对海难强制救助性质界定的单一性。对海难强制救助的性质界定，相关研究中出现了两种较为极端的观点。一种观点认为强制救助仍是海商法上的海难救助，应适用海商法的规则来确定救助报酬，但鉴于强制救助保护环境的目的价值，应适用"无效果，有报酬"原则。[1]另一种观点则明确将海难强制救助定性为行政强制，并提出"根据行政法理论和中国现行法律的规定，海事管理机构实施强制救助，不具有《海商法》第九章海难救助规定的救助款项请求权"。[2]两种观点或强调强制救助的公法属性，或强调强制救助的私法逻辑，没有综合考虑强制救助的现实，将两者加以融合解读。

（3）将强制救助简单地视为与纯救助、合同救助并列的救助类型。目前，国内有关海商法的教科书在提及强制救助时，基本都将这一内容放置在海难救助类型的介绍中，并将其视为与纯救助、合同救助并列的救助类型。这种分类方式主要存在两方面的问题：

一方面，这种分类方式与主管机关海难救助的实践不符。关于强制救助的具体内涵，尽管目前理论界尚未形成统一的认识，但一般都认同"强制救助是一国的主管机关对在其管辖的水域内的某些遇难船舶强制实施的救助。"实践中，主管机关在海难事故发生后，通常以多种形式介入海难救助中，采取多种措施，这些措施有些以双方之间的救助契约为表现形式，有些则以主管机关的强制措施为表现形式。因此，强制救助应该是

---

　　〔1〕　李民："论强制救助"，载《中国律师 2000 年大会论文精选（下卷）》法律出版社 2000 年版，第 1～5 页。

　　〔2〕　胡正良："强制救助之研究"，载《中国海商法年刊》2010 年第 3 期。

对主管机关在海难救助中采取的各种救助措施的统称，这种措施既可能以纯救助的形式存在，也可能以合同救助的方式开展。

另一方面，这种分类方式实质上导致了理论的混乱，间接导致了对强制救助法律性质认识的不统一。将强制救助作为与纯救助、合同救助并行的海商法上的一种救助类型，实质上认为强制救助应由海商法加以调整。而事实是，强制救助中既包含公法行为，也包含私法行为，对其中具体的法律行为及相关法律关系，难以统一适用公法或者私法来调整，而应分析具体行为的性质确定具体适用的法律。

（二）国外研究现状

当前国外对这一问题的研究，主要体现在一些专著、期刊、论文之中。另外，在相关判例中法官的附带意见，对这一问题也进行了较为详细的阐述。相关讨论内容主要集中于"公共当局"是否有权就其海难救助行为主张救助报酬及其救助报酬数额的具体确定。

与国内研究中对公共当局是否具有海难救助报酬请求权存在巨大争议不同的是，国外的相关研究在讨论公共当局是否具有海难救助报酬请求权时，一般将公共当局所开展的海难救助区分为公共当局职责范围内的海难救助与职责范围外的海难救助，并以此确定公共当局是否具有海难救助报酬请求权。

而相关争议主要体现在具体公共当局的海难救助行为是否属于其职责范围之内的行为，如，在美国，相关研究主要集中在海岸警卫队是否有权就其海难救助行为主张救助报酬。[1]另

---

〔1〕　Martin Davies，"Whatever Happened to the Salvage Convention 1989，" *Journal of Maritime Law & Commerce.* 39（2008），463. Bruce D. Landrum，"Salvage Claims for the Navy and Coast Guard：A Unified Approach"，*Naval Law Review.* 38（1989），pp. 213～231.

一个争议，则主要体现在公共当局海难救助报酬具体数额的确定上。[1]

1.4 相关概念界定

"概念是解决法律问题所必需的和必不可少的工具。没有限定严格的专门概念，我们便不能清楚地和理性的思考法律问题。"[2] 因此，对公共当局海难救助报酬请求权的认识应当始于对相关基本概念的界定。

1.4.1 公共当局的界定

《1989 年国际救助公约》第 5 条是对公共当局海难救助作业的规定。该条款对公共当局的海难救助报酬请求权进行了原则性的规定，但对何谓 "公共当局"，为何对公共当局救助作业的救助报酬请求权做出单独规定，《1989 年国际救助公约》没有给出明确的答案。更早的《1910 年统一海难援助和救助某些法律规定公约》（以下简称 "《1910 年救助公约》"）在其第 13 条也提及 "公共当局提供或控制的援助或救助服务"，但同样没有对何谓公共当局做出规定或解释。

不过，与《1989 年国际救助公约》不同的是，《1910 年救助公约》不适用于军用船舶或专门用于公务的政府船舶。这实际上使《1910 年救助公约》第 13 条的意义更多的在于规制公共当局控制下的私人救助主体的救助作业，而非公共当局本身作

---

[1] Simon W. Tache, ' The Law of Salvage: Criteria for Compensation of Public Service Vessels". *Tulane Maritime Law Journal*. 9 (1984): 79.

[2] ［美］E·博登海默：《法理学：法律哲学与法律方法》，邓正来译，中国政法大学出版社 1999 年版，第 486 页。

为救助主体时的救助作业，因为公共当局所提供的服务，大多需要借助于军用船舶及政府公务船舶进行。《1910 年救助公约》对船舶适用范围的规定，给公约的适用带来了不便，国际海事委员会遂于 1967 年通过了修正该公约的议定书，将该公约的适用范围扩大至军舰或属于国家或其各部门所有、经营、租用的任何其他船舶，不论这些船舶是提供救助，还是接受救助。相较于《1910 年救助公约》的规定，《1989 年国际救助公约》明确其适用于任何船舶，这就使得公约第 5 条的规定当然的涉及了公共当局本身作为救助主体的情况。

（一）英美法上公共当局的概念

英国 1995 年《商船航运法》第九部分是关于海难救助的规定，尽管该部分的规定没有使用"公共当局"一词，但该部分开篇便明确了《1989 年国际救助公约》的规定在英国境内具有法律强制力。因此，《1989 年国际救助公约》关于公共当局海难救助报酬的相关规定同样适用于英国。

尽管 1995 年《商船航运法》没有关于公共当局的表述，但英国其他成文法中却存在相关的提法。如：英国 1998 年制定了《人权法案》，以保证欧洲人权公约在国内的实施，这一法案明确规定要由公共当局负责实施以保障公民的基本权利。对于公共当局的具体含义，英国法律中没有明确定义。但公认公共当局一般包括以下三类机构：①明确的公共当局，比如部长、政府的部级单位或代理机构，地方政府、健康福利机构及信托机构，武装力量和警察；②法院和法庭；③任何履行某些公共性质职能的个人和组织、机构。[1]

一般认为，公共当局可以是国家的，也可以是地区的，可

---

〔1〕 陈国庆："英国的'公共当局'"，载《检察日报》2000 年 12 月 29 日，第 4 版。

以是私人也可以是机构，其重要特征是被授权为公共利益而非个人利益行动。据此，与海难救助相关的公共当局包含：皇家军队（the Crown and its Armed Forces）、法官及其他官员（Magistrate and other Officials）、救捞官员（Receivers of Wreck）、海岸警卫队及其他应急服务机构（Coastguard and other Emergency Services）、港口当局（Public Harbour Authorities）、领航员（Pilotage）等。较为困难的问题是，如果一个具有公权属性的机构被授予从事商业行为，如英国联合港口公司（Associated British Ports），是否属于公约第 5 条所规定的公共当局并不明确。同时，严格说来，私人也并不能仅仅因为其具有法定的或其他公共权力而被简单地视为公共当局。

英国有学者认为，实践中，根据《1989 年国际救助公约》的目的来界定公共当局并不重要。[1]根据公约第 5 条第 1 款的规定，公共当局作为救助者的公法上的利益与私法上的利益不可能存在冲突，而公约第 5 条第 3 款对公共当局作为救助者的规定，并不涉及全部公共当局，仅指那些具有法定救助职责的公共当局，其海难救助报酬权益由其所在地的国内法加以规定。

相较于英国的成文法，美国的成文法中多次使用公共当局一词。在《美国法典诠释》中搜索 "public authority"，结果达到 193 条之多，散见于各卷之中。可见，"公共当局" 是被作为一个通用概念使用。在美国，与 "公共当局" 海难救助有关的讨论主要集中于政府的海难救助，具体包含：政府能否就其公务船舶提供的救助服务主张救助报酬、海岸警卫队是否有权对其救助服务主张救助报酬、政府是否有权就其海军的救助服务主张救助报酬、港口当局是否有权主张救助报酬等。

---

〔1〕 Francis D. Rose, *Kennedy & Rose Law of Salvage*, London: Sweet & Maxwell, 2009, 7th ed., p. 281.

美国布莱克法律字典（2009 年第 9 版）对公共当局的定义如下：[1]公共当局是指政府代理机构或者执行公共职能的企业（如高速运输管理局）。因此，在美国，与海难救助有关的"公共当局"具有更广泛的内涵，包含所有政府部门。

（二）我国法律上的规定

我国海难救助法律制度中没有"公共当局"的表述，而是使用了"主管机关"这一语词。我国《海商法》第 192 条即是对国家主管机关海难救助的规定。除《海商法》外，我国其他法律也多次使用"主管机关"一词。对何为"主管机关"，我国法律并没有给出统一界定，而是采取具体解释的方式加以说明。如《海上交通安全法》第 3 条规定，中华人民共和国港务监督机构，是对沿海水域的交通安全实施统一监督管理的主管机关。第 48 条规定，国家渔政渔港监督管理机构，在以渔业为主的渔港水域内，行使本法规定的主管机关的职权，负责交通安全的监督管理，并负责沿海水域渔业船舶之间的交通事故的调查处理。

我国法律上所谓的国家有关主管机关是个比较笼统的概念。在我国，与海难救助有关的主管机关，通常指港口消防队、港务监督与港航监督机关、海上安全指挥部等非盈利性的国家行政机关或事业单位。[2]这些主管机关，由国家配备公务人员，并由国家财政拨款建立和维持，负有保障国家管辖水域内船舶航行及其他海上活动安全的职责，其共同特点是他们都具有公法上的行政管理职能。我国海事司法实践中，与主管机关海难

---

〔1〕 A governmental agency or corporation that administers a public enterprise〈transit authority〉.

〔2〕 司玉琢：《国际海事立法趋势及对策研究》，法律出版社 2002 年版，第 404 页。

救助报酬有关的争议主要出现于上述国家机关的海难救助中。

（三）本书对公共当局的界定

由上述分析可知，公共当局并不是对某一机构的特定指称，而是对某类机构、组织的统称，这类机构、组织具有一些共同的特征，使其区别于海难救助的传统法律主体。其共同特征如下：

第一，享有国家公权力，具有公法上的行政管理职能。

第二，由国家配备公务人员，并由国家财政拨款建立和维持；

第三，具有执行公共职能的法定职责，以公共利益而非个人利益为行为目的。

当前有关国际公约在与本文主题相关的规定上都使用了公共当局一词（public authority），只有我国国内法上使用了主管机关一词。实质上，两者都是对具有一定特征的某类单位的统称。为了行文方便，本书使用公共当局一词对本书主题展开论述，只有涉及我国的相关情况时使用主管机关的称谓。

本书认为，与海难救助有关的公共当局是指，由国家财政拨款建立和维持，具有公法上的行政管理职能，以维护海上航行安全和救助人命财产等社会公共利益为使命的组织或机构。其以相关国家行政机关为主体，同时包含具有相关行政管理职能的事业单位。

1.4.2 海难救助报酬的内涵

海难救助报酬，是指救助方对海上遇险船舶或其他财产进行救助并取得效果时，有权依法或依合同向被救助方获取的款项。[1]

---

〔1〕　张湘兰：《海商法》，武汉大学出版社2008年版，第246页。

（一）海难救助报酬与相关概念的区别

1. 与救助费用的区别。

海难救助报酬与救助费用有所不同，救助费用是救助方在救助作业中直接支付的合理费用以及实际使用救助设备、投入救助人员的合理费用。[1]救助费用以实际支出来计算，具体数额与救助成本差别不大。而救助报酬重在"报"与"酬"，蕴含着被救助方对救助方救助行为的感谢与报答，因此往往高出救助方所支出的实际费用。

2. 与酬金的区别。

海难救助对"酬金"一词的使用，主要出现于与人命救助有关的规定中。如，我国《海商法》第185条即规定，在海难救助作业中对人命的救助，救助方对获救人员不得请求酬金。而救助报酬通常适用于对海上遇险船舶及其他财产的救助中。

3. 与救助款项的区别。

所谓救助款项，是指因救助海上遇险财产而应该得到的酬金以及因救助构成环境污损危险的船舶时所应得到的特别补偿。[2]我国《海商法》第172条是对海难救助一章相关用语定义的规定，其中对"救助款项"的规定为："依照本章规定，被救助方应当向救助方支付的任何救助报酬、酬金或者补偿"。可见，救助款项的范围远大于救助报酬，救助报酬只是救助款项的一种。《1910年救助公约》与《1989年国际救助公约》中均没有关于"救助款项"的规定，因此，救助款项只是我国法律上的一种表述。

---

〔1〕 郭萍、于泓："论救助款项的含义——兼论对我国《海商法》部分条文的理解"，载《当代法学》2002年第12期；吴焕宁：《海商法学》，法律出版社1996年版，第264页。

〔2〕 傅廷中：《海商法论》，法律出版社2007年版，第51页。

4. 与特别补偿的区别。

特别补偿是《1989 年国际救助公约》所确立的新概念，是公约为救助具有环境污损危险的船舶而规定的一种具有补偿性质的费用。按照公约的规定，如果救助人在救助具有环境污损危险的船舶时不能得到救助报酬，或所得报酬将低于其为救助所花费的实际费用，或虽然能够得到报酬，但仅凭此项报酬不能公平地反映出救助人实际贡献时，应该给予救助人一定的补偿。与海难救助报酬相比，特别补偿重在"补偿"，是对救助方海难救助报酬的一种补充。

（二）海难救助报酬的动因

海难救助（Salvage at Sea）又称海上救助，是指对遭遇海难的船舶、货物和客货运费的全部或部分，由外来力量对其进行救助的行为，而不论这种行为发生在任何水域。[1] 在航运极不发达的时代，没有专门的法律来调整海难救助关系。到了近代，为了鼓励和促进航海事业的发展，某些国家开始进行相关的立法，鼓励人们对海上遇险财产进行救助，并由获救船舶的所有人支付救助费用。海难救助是海商法上的特殊制度，而海难救助报酬可以说是这一制度的核心。

在 Mason 诉 The Blaireau 一案中，Marshall 法官有一段著名论述：假如一个人的财产是在陆地上发生了极度危险的情况并为他人所救，例如救助人冒着生命危险从起火的房间中抢救出价值昂贵的物品，对这种救助进行补偿是没有法律支持的。但是，如果相同的情况发生在海上，救助人的救助行为即被认为是有功劳的，法庭将判决对海上的救助行为进行补偿。

为何会出现这种现象？

---

〔1〕　司玉琢：《海商法专论》，中国人民大学出版社 2007 年版，第 451 页。

海上救助与陆地救助最大的不同在于海上救助存在特殊风险。航运贸易初期，人们把航海看作是"冒险"的事业，如果船舶或货物遭遇海难，只能靠自身的力量脱险，某些情况下，过往船舶非但不进行救助，还可能趁火打劫。因此，对遇难船舶而言，与其让灾难将船货吞没，不如请他人救助，在获救财产的价值内给予对方相应的报酬。Clifford 大法官曾指出"公共政策为鼓励勇敢且富有冒险精神的海员从事这些艰苦有时甚至是危险的事业，使他们摆脱监守自盗和欺骗的诱惑，因此在他们的救助获得成效时，应让其取得丰厚的奖励"、"救助报酬慷慨准则的采用，不仅是为了鼓励从事救助，而且为了尽可能地使救助人不对不幸船东的财产进行毁损或掠夺。"[1]三千多年前适用于古希腊和地中海的《罗得海法》就明确禁止对获救财产进行掠夺，并规定：志愿提供海难救助服务的人有权请求救助报酬。[2]为了鼓励紧急情况下对海上遇难船货的救助，海上救助财产者获得以救助报酬为形式的丰厚奖励。这种救助报酬不单单是对其工作和付出劳力的补偿，也不是"应得报酬"。在救助作业中，幸运的救助人如果遇到金额巨大的财产濒临危险，则不管是出于鼓励英雄主义，还是为了杜绝监守自盗，其都可能指望得到一大笔可观的奖励。[3]

海难救助报酬产生的最原始的动因是防止对海上遇难船货的掠夺及对海难救助的鼓励。现在社会，对海上遇难船货进行掠夺已经不是一种普遍现象，海难救助报酬设置的目的主要有两个：一是对海难救助者的救助费用支出进行补偿；二是对海难救

---

〔1〕 *The Clarita and The Clara*, 90 U. S. （23 Wall.）1, 17（1874）.

〔2〕 *Lloyd's Law Report*, 1（1998），p. 333.

〔3〕 ［美］G. 吉尔摩、C. L. 布莱克：《海商法》，杨召南等译，中国大百科全书出版社 2000 年版，第 722 页。

助者的救助行为进行奖励，以鼓励人们自愿提供海难救助服务。

（三）海难救助报酬的获取要件

实施海上救助于获取救助报酬，必须满足一定的条件。依各国法律和有关国际公约的规定，海难救助报酬请求权的实现需要满足以下四个基本要件：

1. 被救物必须是法律认可的救助标的。

构成海难救助，其救助标的必须为法律或国际公约所认可，否则，即使救助成功，也无权请求报酬。对于什么是法律认可的救助标的或者可救助的财产，《1910 年救助公约》并没有界定。但是该公约第 1 条提到了所谓"对遇难船舶、船上物品、运费和运载的金钱实施的援助和救助"。第 14 条则将提供公共服务的政府船只和军舰排除在公约适用范围之外，直到其 1967 年的议定书才对此进行了修改。该议定书第 21 条第 1 段明确规定国有船舶适用于绝大部分有关海难救助条款的规定。《1989 年国际救助公约》第 1 条（b）对"船舶"做了如下定义："船舶是指任何可以用于航行的船体、筏或结构。"但是，在海床上从事矿产采掘的任何固定或浮动的平台或离岸移动挖掘设备（第 3 条）、军事船舶，以及在国际法上享有主权豁免待遇的国家所有或经营的非商用船艇（第 4 条第 1 款），均被排除在外。尽管如此，一个主权国家仍然可以通过国内立法，使公约的条款适用于本已被排除在适用范围之外的军用船舶以及其他船舶类型。第 1 条（c）则进一步将"财产"定义为"非永久地和非有意地依附于岸线的任何财产，包括有风险的运费"。可见，在《1989 年国际救助公约》下，可以被实施海上救助的财产实际上具有相当宽泛的范围。[1] 我国《海商法》将船舶和其他财产

---

〔1〕《1989 年救助公约》第 4 条。

作为海难救助的标的，同时排除对军事的、政府公务的船艇的适用。[1]

2. 被救物处于海上危险之中。

海上危险的存在是救助行为得以产生的前提条件，[2] 也就是说，救助标的只有存在于危险当中，才存在救助的问题。何种危险构成海难救助的危险，国际公约没有统一的规定，各国海商法一般也未明列。一般认为，这种危险可以是针对船舶、货物、船员或旅客的，而且危险必须是客观真实的危险，是实际存在而不是主观臆断的，在虚拟的或假象的或误认的危险下采取的"救助"行为不能构成海难救助。另外，危险不必实际发生，只要从通常意义上理解具有发生危险的可能即可。危险造成的后果，不仅只限于物质损害的风险，也可以主要是财务开支风险，或者在船舶不能移动的地方无法进行修复的风险等。[3] 也就是说，只要根据当时的情形，合理地预计该危险不可避免，即可满足海难救助的要件。如，在美国 The Volendam 案（1977）中，"Monarch Star"轮在古巴北部海岸的海域航行时，主机发生故障，致使该轮随波逐流，后来被其姊妹船"Monarch Sun"轮所救。由于救助当时海况良好，仅仅有微风，因而对于"Monarch Star"轮是否存在海上危险产生了争议。法院最终认为，尽管当时海面平静，但由于潮水作用以及在可能出现暴风雨的情况下，该轮存在飘向海岸而触礁或搁浅的可能性，因而处在海上危险之中。法院在阐述"海上危险"因素时指出："法院必须认定的是，危险是否可以合理地被预见，而非危险已经

---

〔1〕 我国《海商法》第171条、第172条。

〔2〕 傅廷中："海难救助行为的构成要件"，载《世界海运》2002年第2期。

〔3〕 ［加］威廉·台特雷：《国际海商法》，张永坚等译，法律出版社2005年版，第275页。

临近。"

3. 救助行为是自愿的行为。

自愿救助是指救助方或被救助方在发生救助法律关系时，其作为或不作为完全出于自愿。救助行为的实施不能是出于任何公共义务（例如法律义务）、准公共义务（例如某人的职责）或者合同义务。[1]

对救助方而言，在对救助标的实施救助时，完全出于救助方的自愿。救助方开展救助行为没有合同上的、职务上的或法律上的救助义务，救助成功有权获得救助报酬，不救助也不用承担任何责任。与此不同的是非自愿救助，即合同约定或法律规定的义务救助，救助即使获得成功也无权获得报酬，而不救助将承担合同或法律规定的责任。

对于被救助方而言，自愿原则体现在被救助方不仅有请求救助的权利，还有拒绝救助的权利，拒绝救助权可以在救助作业开始前或开始后的任何时间行使。《1989 年国际救助公约》与我国《海商法》对此均有规定。《1989 年国际救助公约》第19 条规定："不顾船舶所有人、船长或其他处于危险中的不在船上而且未曾装过船的财产的所有人的明确而合理的制止而提供的服务，不产生本公约规定的支付款项。"我国《海商法》第186 条规定："下列救助行为无权取得救助款项：……（二）不顾遇险的船舶的船长、船舶所有人或者其他财产所有人明确的和合理的拒绝，仍然进行救助的。"

4. 救助有效果。

就救助报酬的请求权而言，海难救助只具备了前三个要件还不够，请求救助报酬应该以海难救助活动取得有益的效果为

---

〔1〕〔加〕威廉·台特雷：《国际海商法》，张永坚等译，法律出版社 2005 年版，第 273 页。

前提，这也就是通常所说的"无效果，无报酬"原则。救助效果可以是全部的，也可以是部分的，只要救助人对救助效果的取得做出了贡献，救助人就有权请求相应的救助报酬。另外，《1989 年救助公约》创设了特别补偿权，按照其规定，仅仅防止环境污染损害的产生也应视为救助有效果的表现。

（四）海难救助报酬请求权

所谓请求权，是指请求他人为一定行为或不为一定行为的权利。请求权人自己不能直接获得作为该权利内容的利益，必须通过他人的特定行为间接取得。公共当局的海难救助报酬请求权，主要是指公共当局就其海难救助行为，请求被救助人支付救助报酬的权利。

本书对公共当局海难救助报酬权进行研究的一个重要内容就是，公共当局是否有权就其海难救助行为主张救助报酬。公共当局的海难救助报酬请求权，本质上是一种债权请求权。

1.5 研究方法

1. 比较研究的方法。

公共当局介入海难救助的行为已经成为当今海难救助领域的一种现实并将继续发展。公共当局对海难救助的干预权已经得到相关国际公约及多数国家的承认，与此同时，各国也都面临"公共当局海难救助报酬请求权"的问题。因此，有必要从比较法的角度，考察相关国际公约及有关国家对公共当局海难救助报酬请求权的规定与司法实践，以期对这一问题的研究更加深入、明确。

2. 法解释学的方法。

对公共当局的海难救助报酬请求权，无论是相关国际公约还是我国国内法都做出了规定。当前国际公约，尤其是《1989年国际救助公约》虽然对公共当局海难救助报酬请求权做出了原则性规定，但如何协调其与其他规定的关系，如何理解这一规定的本意，目前存在一定争议。我国《海商法》第 192 条也是专门规范公共当局海难救助报酬请求权的规定，但是这一规定因其模糊性，一直存在争议。法律是概括的、抽象的，只有经过解释，才能成为具体行为的规范标准。因此，有必要运用正确的法解释方法，对当前国际公约及国内立法中有关公共当局海难救助报酬请求权的相关规定进行解释。人的能力是有限的，只有经过不断解释，法律才能趋于完善。[1]本书将运用各种法解释的方法，对公共当局海难救助报酬请求权的相关法律规定进行澄清，并通过对法律真意的探寻，提出我国法上对这一问题规定的修改建议。

3. 跨学科研究的方法。

公共当局的海难救助，本身即是一种公私法属性并存的行为。对这一问题的深入研究，除了主要运用海商法的相关理论外，还要借助于相关学科，特别是行政法的理论工具。

1.6 本书结构安排

本书共分为 7 章，主要内容如下：

第 1 章为引言。该部分内容主要论述了本书的选题背景及意义，指出公共当局海难救助报酬请求权研究的必要性。对当前国内外的研究现状进行了文献综述，特别指出了我国国内关于这一问题的研究所存在的不足。同时，对本书的相关概念进

---

〔1〕 张文显：《法理学》，高等教育出版社、北京大学出版社 2011 年版，第236 页。

行了界定，并对本书拟采取的研究方法进行了介绍。

第 2 章对公共当局海难救助行为进行了考察。当前我国理论界在公共当局海难救助报酬请求权上存在各种争议，一个很大的原因就是没有对公共当局各种海难救助行为进行区分。本章首先对公共当局的海难救助行为进行了概括性的介绍，指出公共当局介入海难救助的必要性，并对公共当局海难救助与相关法律制度的关系进行了考察。其次，对公共当局在海难救助中的各种行为进行了分类总结。最后，探讨了公共当局海难救助行为的性质。本章对公共当局海难救助行为的考察，为后续章节对公共当局海难救助报酬请求权的讨论奠定了基础。

第 3 章为公共当局获取海难救助报酬的法理障碍。主要讨论了公共当局特殊的主体身份、公共当局的法定救助义务及法定救助职责对其海难救助报酬请求权的影响。

第 4 章为公共当局海难救助报酬请求权制度的比较研究。通过对相关国际公约、英国、美国及其他国家有关公共当局海难救助报酬请求权的规定及司法实践进行考察，总结出其在公共当局海难救助报酬请求权上所秉承的态度及原则。

第 5 章为公共当局海难救助报酬请求权的实现。本章主要从理论上探讨公共当局获取海难救助报酬的基本原则、公共当局海难救助报酬具体数额的确定，以及海商法上的特别补偿权及海事赔偿责任限制制度对公共当局海难救助报酬请求权实现的影响。

第 6 章为我国关于公共当局海难救助报酬请求权的制度构建。本章分析了当前我国立法及司法实践中，在公共当局海难救助报酬请求权上存在的问题，并在前述几章理论分析的基础上，提出相应的完善建议。

第 7 章为本书的结论。该部分主要包括本书研究的结论及存在的不足和对未来的展望。

第2章
公共当局海难救助法律行为考察

2.1 公共当局海难救助行为概述

2.1.1 公共当局介入海难救助的必要性分析

Brice on Maritime Law of Salvage [1]一书的第 5 - 73 部分在讨论政府干预与合同自由的关系时，提出了公共当局介入海难救助的必要性：在现行法律下，获救财产的所有人（包括船主）对是否接受救助服务具有完全的自由裁量权。当一艘船舶明显处于危险中时，像海岸警卫队这样的机构却没有能力依据救助人条款或任何其他条款强制遇难者接受救助，这会导致遇难船上人员及财产处于不必要的危险之中，适当的决定可能永远不会被采用或者被采用时为时已晚。这种情况引起了公共当局的不安及立法改革建议。各种观点都认为应该有一些由政府机构控制的方式来强制遇难者接受海难救助服务及强制救助者在这种情况下提供救助。

公共当局介入海难救助的必要性，与当前海难救助的现实情况密切相关，具体而言：

---

[1]　Joho Reeder, *Brice on Maritime Law of Salvage*, London：Sweet & Maxwell, 2010, 4th ed. , p. 346.

（一）海难事故对海洋环境等公共利益的危险性加大

当前国际海运中，石油、化工等污染性产品运输逐渐增多，船舶自身携带燃油数量不断增加，船舶发生重特大水上险情和事故的风险不断增大。一些重大海难事故对海上人命财产安全、海洋环境、通航安全等公共利益构成巨大威胁。

一些国际上的重、特大海难事故因未得到适当的救助而造成重大海洋环境污染的案例让人记忆犹新。如：2002 年 11 月 13 日，从立陶宛前往新加坡的"威望号"油轮，在西班牙海域遭遇大风，船体失控碰撞不明物后开始断裂。因未得到及时有效的救助，最终该船断裂后沉没至 3500 米深海，造成大量燃油泄漏入海。[1]这次溢油事故，导致当地渔业、旅游业遭受毁灭性打击。[2]

我国海域因海难事故而发生的海洋污染事件也屡见不鲜。例如，1995 年 3 月 9 日，韩国租赁发展有限公司所属的韩国籍"春木一号"轮，装载液体化学品苯乙烯单体抵达中国湛江港时，因天气情况恶劣，与"昌通一号"轮发生碰撞事故。[3]大量苯乙烯液体泄漏入海，造成大面积海域污染及巨额经济损失。[4]再如，2002 年 11 月 23 日，一艘满载原油的马耳他籍油

---

〔1〕 据报道，至 2003 年 5 月，沉没的"威望号"轮仍在以每天 2 至 3 吨的数量泄漏燃油，西班牙、葡萄牙和法国受到溢油污染的海岸线长达 1000 多公里。

〔2〕 刘占魁："从'千岛油 1 号'污染事件说起"，载《中国海事》2005 年第 4 期；Calls for International Guidelines on Places of Refuge // Press Release，ABS Releases Report on "Technical Analyses Related to the Prestige Casualty". (2003 – 03 – 04)，载 http://www. eagle. org/eagleExternalPortalWEB/ShowProperty/BEA% 20Repository/News% 20 &% 20Events/Press% 20Releases/2003/March4，2003，访问时间：2013 年 1 月 10 日。

〔3〕 "韩国租赁发展有限公司因船舶碰撞造成船载有毒物质污染海域申请海事赔偿责任限制案"，载 http://www. chinalawedu. com/news/1900/27/2003/6/dc395211 43415163002528_ 2960. htm，访问时间：2012 年 12 月 10 日。

〔4〕 苯乙烯单体被《关于 1973 年国际防止船舶造成污染公约的 1978 年议定

轮"塔斯曼海"轮与中国沿海船舶"顺凯一号"轮在天津大沽口东部海域 23 海里处发生碰撞,[1]导致燃油泄漏,造成海洋污染。[2]

（二）海上人命救助与财产救助难以分割的现实

根据《1974 年国际海上人命安全公约》和《1979 年国际海上搜寻救助公约》,人命救助和海上搜救是各缔约国政府应尽的义务。我国于 1985 年加入《1979 年国际海上搜寻救助公约》,并于 1989 年组建"中国海上救助中心",以代替原来的全国海上安全指挥部。目前,中国海上搜救中心办公室设在中华人民共和国海事局,负责全国的海上搜救指挥及海上搜救力量的组织与协调。沿海各省直属局及分支局设有省级搜救中心和搜救分中心,负责本地区海上搜救任务和当地海上搜救力量的组织与协调。

海上搜救的主导者即为公共当局,海上搜救体现了公权力的运用,从性质上讲,属于国家公认的法定义务,且这种救助的义务范围仅限于对遇险人命的救助。而海商法上的海难救助则以船舶及财产为救助对象,是一种纯私法关系。两者似乎并

（接上页）书》附录一和附录二列为 B 类有毒液体物质。碰撞造成有毒物质泄漏后,经农业部渔业环境监测中心南海区监测站、广东省渔业环境监测站和湛江渔业环境监测站联合调查,查明:湛江港较大范围内的水环境及大气环境已明显受到"春木一号"轮泄漏苯乙烯的污染,污染海域范围达 160 平方公里。湛江港的海水养殖业、滩涂护养增殖遭受明显的损害。其中,海水养殖受害面积达 3 050.7 亩,滩涂护养增殖受害面积达 38.48 平方公里,两项直接经济损失共人民币 2 725.07 万元,用于养殖场的清污费人民币 58.554 万元;港内渔业捕捞生产的直接经济损失人民币 324.996 万元、游泳类资源的直接经济损失人民币 329 万元、渔业资源的间接损失人民币 1 415.08 万元。

〔1〕　"天津港东部水域船舶碰撞事故污染水域得到控制",载 http://news.sina.com.cn/c/2002 – 11 –25/23095155s.html,访问时间:2012 年 12 月 10 日。

〔2〕　经现场勘察,海上有大约长 2.5 海里、宽 1.4 海里的溢油漂流带。

不存在交集。然而现实是，在海上搜救工作的救助过程中，人命救助和财产救助的交叉是客观存在而且不可避免的。尽管海上搜救的初衷是对遇险人命进行救助，但海难事故发生后人命所面临的危险与船舶所面临的危险紧密相连，对人命的救助难以脱离对船舶的救助而单独进行。[1]

（三）传统海难救助不足以应对海洋环境保护的需要

传统海难救助尊重契约精神，是一种典型的私法救助。然而，这种传统救助契约的订立过程，需要耗费大量时间，容易错过救助的黄金时间而导致重大海洋环境污染。1978 年的 Amoco Cadiz 案就明显的体现了传统海难救助的这一软肋。1978 年 3 月 16 日在英吉利海峡发生了一起历史上最大的油污事件。利比亚籍巨型油船 Amoco Cadiz 号，因舵机失灵而坐浅于法国西海岸布列塔尼（Brittany）附近的礁石上，23 万吨原油溢出，造成法国沿海水域的严重污染。事故发生后，"太平洋"（Pacific）拖船曾提出签订劳氏救助合同对 Amoco Cadiz 号进行救助，遭到船长拒绝，待美国船舶所有人同意救助时，已经为时过晚。[2]此外，救助具有环境污染威胁的船舶或财产，救助人往往面临更大的风险和费用支出，而传统海难救助的"无效果，无报酬"原则的存在，使得救助具有环境污染威胁船舶或财产的预期收益大大降低，无疑降低了救助人的积极性。[3]总体而言，传统海难救助法律制度已经难以适应当前海洋保护的现实需要。

―――――――――――――

[1] 实践中不排除存在单独救助人命的个例。但在大多数情况下，救助人命与救助船舶是同时存在的。

[2] 司玉琢：《海商法》，法律出版社 2003 年版，第 273 页。

[3] 李志文、高俊涛："海难救助'无效果无报酬'原则的生态化嬗变"，载《法学》2010 年第 7 期。

2.1.2 公共当局介入海难救助的立法反映

具有重大环境污染威胁的海难事故发生后，如果能够得到及时、合理、有效的救助，将大大减少海洋环境污染。为避免或减少这类海难事故对海洋环境等公共利益的损害，国家要求对这些事故的处置进行干预并介入本国管辖海域内的海难救助活动，已经成为新世纪海事立法与实践的一大趋势。国家对海难救助的干预，是国家行使主权的一种表现，不以遇难船舶船长、所有人或其他财产的所有人、管理人是否同意为条件。其鲜明的主权特征和充分、明确的国际法律依据，已为国际公认。

《1969 年国际干预公海油污事故公约》第 1 条明确指出："本公约各缔约国，在发生海上事故或与此事故有关的行为之后，如有理由预计到会造成较大有害后果，那就可在公海上采取必要的措施，以防止、减轻或消除由于油类对海洋的污染或污染威胁而对其海岸或有关利益产生的严重而紧迫的危险。"明确了国家在公海上对海难事故的干预，这种干预显然包括在海难事故发生后，国家介入遇难船舶的海难救助活动，以防止船舶沉没、货油或燃油泄漏对本国岸线造成重要的海洋环境污染。相较于 1969 年干预公约仅授予国家在公海上对海难救助的干预权，《1989 年国际救助公约》扩大了这种干预权的范围，赋予国家在任何可航水域内对海难救助的干预权。

《1989 年国际救助公约》是当前国际社会中关于救助作业的统一的国际法规则。该公约主要规定海难救助作业当事人的权利和义务，涉及的基本上都是私权利。尽管如此，公约第 9 条规定："本公约的任何规定，均不得影响有关沿海国的下述权利：根据公认的国际法准则，在发生可以合理地预期足以造成重大损害后果的海上事故或与此项事故有关的行动时，采取措施保护其岸线或有关利益方免受污染或污染威胁的权利，包括沿海国就救助作业做出指示的权利。"

在国际社会广泛承认国家海难救助干预权的同时，我国国内法也明确赋予了主管机关对海难救助的干预权。我国《海洋环境保护法》第71条规定："船舶发生海难事故，造成或者可能造成海洋环境重大污染损害的，国家海事行政主管部门有权强制采取避免或者减少污染损害的措施。对在公海上因发生海难事故，造成中华人民共和国管辖海域重大污染损害后果或者具有污染威胁的船舶、海上设施，国家海事行政主管部门有权采取与实际的或者可能发生的损害相称的必要措施。"《海上交通安全法》第31条规定："船舶、设施发生事故，对交通安全造成或者可能造成危害时，主管机关有权采取必要的强制性处置措施。"

《海洋环境保护法》及《海上交通安全法》以国内法的方式赋予了主管机关为保护我国海洋环境及航道安全，在船舶发生海难事故后介入相关海难救助活动的权利。主管机关介入海难救助活动的根本目的在于保护海洋环境、维护航道安全等公共利益。《海洋环境保护法》及《海上交通安全法》以国内法的方式，从实质上赋予了主管机关对海难救助的干预权，是国际法上国家对海难救助干预权在我国立法上的具体体现。

2.1.3 公共当局实施的海难救助与其他行为的关系

（一）与国家应急救助的区分

在海商法理论中，有学者主张，公共当局的海难救助是一种行政救助。在这种救助中，行政机关与被救助人之间不具有平等的民事地位，无论救助是否取得效果，救助人均有权主张海难救助报酬。[1]那么公共当局海难救助是否属于行政法上的行政救助？

传统行政救助主要是指行政物质帮助，指行政机关对公民在年老、疾病或丧失劳动能力等情况或其他特殊情况下，依照有关法律、法规规定，赋予其一定物质权益或与物质有关的权益的具体行政行为。[2]而随着"秩序行政"模式向"服务行政"模式的转变，行政救助不再仅仅局限于困难救济，而是更多着眼于公民生活质量的提高及公共服务领域的发展，将更多"生存照顾"的内容纳入其中，救助的内容不再局限于纯粹经济物质上的救助，而逐渐拓展至满足精神和文化的需求。[3]行政救助以居民最低生活保障为基本内容，并以医疗、教育、住房等专项救助、应急救助以及国家确定的其他救助为补充。其中，应急救助作为行政救助的重要补充，也称灾害（广义包括自然和人为灾害）救助、紧急救助，是社会保障体系中社会救助的一个方面。[4]应急救助一般是指国家（政府）和社会对基本生活因自然灾害或其他突发公共事件受到影响的公民提供资金、物资、服务等方面的救助，保障其吃、穿、住、医等基本需求的制度。[5]当前，应急管理已经成为政府职能的一个重要方

---

〔1〕　罗亿松：《海商法》，中国法制出版社 2000 年版，第 256～257 页；孙敬东："国家主管机关在海难救助中的权利和义务"，载《中国水运》2008 年第 6 期。

〔2〕　应松年：《行政法学新论》，中国方正出版社 2004 年版，第 205 页。李荣珍、李鑫："行政救助制度的内涵和功能"，载《新东方》2010 年第 4 期。

〔3〕　周佑勇、甘乐："论行政救助制度的发展与完善"，载《中南民族大学学报（人文社会科学版）》2003 年第 3 期。

〔4〕　王振耀、田小红："中国自然灾害应急救助管理的基本体系"，载《经济社会体制比较》2006 年第 5 期。赵颖："服务型政府视角下的应急救助及行政法的回应"，载莫于川主编：《宪政与行政法治评论》，中国人民大学出版 2010 年版，第197～208 页。

〔5〕　《中华人民共和国社会救助法（征求意见稿）》第 22 条。

面，应急救助作为政府应急管理的核心内容，负责保护人民的生命财产安全，控制、减轻和消除突发事件引起的严重社会危害。[1]

在行政救助的各种类型中，与公共当局海难救助最为相近的为应急救助。应急救助与公共当局的海难救助存在一定共性：一方面，两者都是在灾害发生后，政府面对非常状态所提供的一种特殊公共服务，都是政府履行职责的一种方式。另一方面，其都含有减少突发事件所带来的严重社会危害及维护社会公共利益的目的。

但仔细分析，应急救助与公共当局海难救助的区别大于共性：

第一，救助对象不同。公共当局海难救助以遇难船舶及其他海上财产为救助目标，尽管对其救助的最终目的是为了保护海洋环境、航道安全等公共利益，但其直接救助对象为财产。而应急救助的本质在于保障基本人权，直接救助对象为受灾群众。

第二，被救助人的选择权不同。公共当局的海难救助，不以被救助人的同意为必要条件。应急救助中，被救助人具有拒绝接受救助的权利，尽管这种情况比较少。

第三，被救助人的受益不同。公共当局的海难救助中，被救助人不一定从救助中获益，如果救助成功，被救助人需要支付各种费用；如果救助不成功，被救助人则面临因污染环境、危害航道安全等公共利益而受到行政处罚的可能性。应急救助中，被救助人是一种纯获益人。

第四，救助程度不同。应急救助主要是通过政府对受灾民

---

[1] 孔繁华："和谐社会的政府救助义务"，载《行政与法》2005年第9期。

众发放救灾款项及救灾物资、提供医疗服务及其他安置措施的方式，维持其最低生活水平并使其尽快摆脱困境。而公共当局海难救助是在海难事故发生后，为避免海难事故对公共利益带来的危害，对船舶及其他财产尽力救助以使其完全摆脱危险，并处于安全状态。

（二）与行政强制的联系

1. 行政强制之内涵。

行政法理论界在讨论行政强制的内涵时，多从结构理论的角度加以认定。[1] 有学者将其归纳为"二行为说"及"三行为说"。前者是指行政主体为了实现某一行政目的，对相对人的财产、身体及自由等权利予以强制而采取的具体措施。分为行政强制执行、行政上的即时强制和行政调查中的强制三类行为。后者是指行政主体为实现某一具体行政行为的内容，或者为了维护公共利益，预防和制止违法行为和危害事件的发生，而实施的强行限制公民权利的行为。分为行政强制执行和行政强制措施两类行为。[2]

理论界对行政强制结构理论的争议随着我国《行政强制法》的颁布实施而结束。《行政强制法》将行政强制措施与行政强制执行合称为行政强制而区别于其他行政行为。同时又将行政强制明确区分为行政强制措施与行政强制执行，以区分两者在法

---

〔1〕　参见应松年："论行政强制执行"，载《中国法学》1998 年第 3 期；马怀德："我国行政强制执行制度及立法构想"，载《国家行政学院学报》2000 年第 2 期；胡建淼："行政强制措施与行政强制执行的边界划定"，载《法学》2002 年第 6 期；杨解君、叶桃理："关于行政强制若干理论观点的批判"，载《法学》2000 年第 8 期；朱新力："论行政上的即时强制"，载《浙江学刊》2001 年第 5 期。应松年："行政强制立法的几个问题"，载《法学家》2006 年第 3 期。

〔2〕　袁曙宏："我国《行政强制法》的法律地位、价值取向和制度逻辑"，载《中国法学》2011 年第 4 期。

律设定和法律适用中存在的严格区别。

依照《行政强制法》的规定，行政强制措施是指行政机关在行政管理过程中，为制止违法行为、防止证据损毁、避免危害发生、控制危险扩大等情形，依法对公民的人身自由实施暂时性限制，或者对公民、法人或者其他组织的财物实施暂时性控制的行为。[1]行政强制执行，是指行政机关或者行政机关申请人民法院，对不履行行政决定的公民、法人或者其他组织，依法强制履行义务的行为。[2]从文意解释的角度，即可很容易的得出行政强制措施与行政强制执行的主要区别：是否有确定义务的行政决定的先行存在及有待履行义务的先行存在。通俗的讲，行政强制措施不以法定义务的不履行为必要条件，而是在紧急情况发生时采取的保全性措施。而行政强制执行的实施以行政决定所确定的义务未得到履行为前提条件，其主要目的在于依法强制相对人履行已确定的义务。尽管两者存在一定差异，但无论行政强制措施还是行政强制执行，都是行政机关以强制手段迫使当事人的行政义务得到履行。[3]

2. 公共当局介入的海难事故的性质。

早在《行政强制法》颁布实施之前，交通部海事局于2004年即制定了规范性文件《中华人民共和国海事行政强制实施程序暂行规定》，对海事行政强制定义、种类与权限、实施原则等作了较为全面的规定。在《行政强制法》颁布实施之后，交通部海事局于2012年废止了之前的《暂行规定》，新制定了《中华人民共和国海事行政强制实施程序规定》（以下简称《规

---

[1] 《行政强制法》第2条第2款。
[2] 《行政强制法》第2条第3款。
[3] 胡建淼："'行政强制措施'与'行政强制执行'的分界"，载《中国法学》2012年第2期。

定》），用以指导各省、自治区、直辖市地方海事局和新疆生产建设兵团海事局海事行政强制的具体实施。

《规定》第 2 条首先明确了其适用范围，指出"海事管理机构实施海事行政强制，适用本规定。海事行政强制包括海事行政强制措施和海事行政强制执行。海事管理机构依法采取应急措施或者临时措施处置突发事件不适用本规定。"对何为突发事件，《规定》第 33 条给出了具体定义：本规定所称突发事件系指突然发生，造成或者可能造成水上交通中断或者阻塞，重大船舶、设施安全或者污染事故等紧急情况，需要采取应急处置措施的自然灾害、事故灾难、公共卫生和社会安全事件。

公共当局的海难救助多出现于海上重大海难事故发生之际，重大海难事故是否属于突发事件？《突发事件应对法》第 3 条第 1 款对"突发事件"做了界定："本法所称突发事件，是指突然发生，造成或者可能造成严重社会危害，需要采取应急处置措施予以应对的自然灾害、事故灾难、公共卫生事件和社会安全事件。"突发事件的内涵包含以下核心要素：一是发生的时间具有突然性。事件常常在一瞬间发生或者在意想不到的时间和地点发生，事物内在矛盾由量变到质变的过程是爆发式的，其发生的时间、地点、规模、具体形态和影响程度，是人们难以预料的，即使出现预兆也是短时的、难以捕捉和识别的。二是事件具有紧迫性。突发事件事出偶然，发展迅速，在出现时往往已经造成一定的损害后果，即使尚未出现损害，也必须在短时间内及时采取应对措施，迅速处置，否则将带来更为严重的后果，造成更大的损失。三是危害和影响具有公共性。突发事件无论性质与规模，都必然涉及和影响公共领域，危及公共安全，破坏社会正常秩序。四是突发事件的处置需要公权力的介入。突发事件必须借助于公权力的介入和动用社会资源才能得以有效处置或者控制和消除。

对照突发事件的内涵，虽然不能简单地将所有海难事故均视为突发事件，但我们不得不承认绝大多数涉及公共当局海难救助的海难事故都属于海上突发事件。这样的案例俯拾皆是。如"Nancy 轮"海难事故中，[1]"Nancy 轮"船员弃船之后，难船半沉半浮于习惯航线上对通航安全构成重大威胁，一旦坐沉，燃油泄漏将导致严重的海洋污染。涉及公共当局海难救助的海难事故之所以成为突发事件，主要基于以下两点：一方面，海难事故本身即具有突然性；另一方面，存在于公共当局海难救助的海难事故的一个重要特征即是，其会对海洋环境、航道安全等重大社会公共利益造成危害或产生潜在危害，且这种危害具有紧迫性，需要公共当局采取应急措施予以应对。这两大因素的存在，使得涉及公共当局海难救助的海难事故基本符合了突发事件的一般界定。

3. 公共当局海难救助与行政强制的关系。

将公共当局介入的海难事故界定为突发事件，加之《规定》对突发事件的不适用，是否意味着公共当局海难救助在性质上不属于行政强制？

本书认为，对此不能一概而论。尽管《规定》的本意在于规范海事行政强制行为，但其着眼点在于从程序上对中华人民共和国海事局及各海事管理机构的行政强制行为进行规范，其主要内容为实施海事行政强制所应遵循的程序性规范。《规定》之所以将"海事管理机构依法采取应急措施或者临时措施处置突发事件"排除在适用范围之外，本书认为主要基于以下考虑：突发事件的核心特征在于事件发生的突然性及情势的紧迫性，

---

〔1〕 王俊波、刘冬青："论主管机关'强制救助权'及其运作特点"，载《航海技术》1996 年第 3 期。

事先设定相应处置程序不利于事件的有效处置。加之，突发事件的处置有专门的《中华人民共和国突发事件应对法》加以规范，《规定》不宜将与突发事件相关的事项纳入规范之中。因此，《规定》排除对突发事件的适用，主要基于其本身规范内容的局限性，这种排除并不意味着突发事件中不存在行政强制，进而不意味着公共当局海难救助在性质上不属于行政强制。

那么，公共当局海难救助是否属于行政强制，其与行政强制又存在怎样的关系？为此，有必要首先厘清公共当局在海难救助中的具体行为。

2.2 公共当局海难救助行为的类型化解析

2.2.1 公共当局海难救助行为的表现——以实际案例为分析视角

（一）"港龙运 3"轮海难救助过程回顾[1]

宁波港龙公司所属装载 3 100 吨 93 号汽油的"港龙运 3"轮由天津驶往上海。2006 年 3 月 5 日途径老铁山水道时，于烟台港北约 50 海里处与巴拿马籍散货船"Star Xingang"轮发生碰撞，"港龙运 3"轮左舷上甲板破损，货油舱汽油泄漏到泵舱、机舱，随时有爆炸的危险。碰撞发生后，一方面，宁波港龙公司先后向烟台海事局发出书面信函，请求予以救助。另一方面，交通部在获知险情后，立即要求所属各级海事、救助部门全力组织救援。按照中国海上搜救中心的统一部署，山东、辽宁海

---

〔1〕　最高人民法院民事审判第四庭、交通运输部救助打捞局：《水上救助打捞精选案例评析》，法律出版社 2011 年版，第 228 ~ 230 页；郝光亮、张匡栋："绝地大拯救'港龙运 3'油轮汽油泄漏特大险情处置纪实"，载《中国海事》2006 年第 4 期。

事部门全面启动了海事应急行动预案：及时发布无线电航行警告，要求无关船舶注意避让。烟台海事局即委派"北海救131"轮与"海巡0602"轮赶赴救助现场，同时协调"Tang Hai 6"轮、"Zhenle 56"轮、"海巡021"轮等船舶参与搜救。

鉴于油轮随时可能爆炸并造成人员伤亡，中国海上搜救中心命令所有过往船舶迅速撤离现场，并由交通部所属船只执行后续营救任务。为尽快解除险情，烟台海事局紧急协调港口、消防、引航、油库、溢油等有关单位，组织各方专家成立了抢险应急专家组和现场救援指挥中心，研究制定了详细的抢险方案，参与现场救助。在救助基本结束，对"港龙运3"轮进行拖带同时，烟台海事局设置了陆地和海上安全警戒区，安排多人实施警戒，消防车辆、设施全部到位，各项防爆及防污措施准备就绪，直至救助抢险结束，船、货安全获救。在整个救助过程中，烟台海事局调用了大量救助物资及救助力量。[1]

（二）公共当局海难救助行为的具体体现

上述海难救助案例中，涉及的公共当局有海上搜救中心、交通部、海事局、烟台港公安局消防支队等。其中，烟台海事

---

［1］ 事后，烟台海事局在提出救助报酬主张时，提交的参与救助抢险的力量及设备如下：一、救助船舶："北海救131"轮、"烟港拖19"轮、"烟港拖14"轮、"烟港拖8"轮、"海巡0602/0603/0606/061"轮，围油栏布防船1艘、清污作业船1艘等。二、救助抢险车辆：应急指挥车2台、泡沫车2台、水罐车2台、消防器材装备车1台、消防指挥车1台、20吨油罐自吸车1台、二氧化碳运输车2台、10吨货运车2台、面包车1台、溢油应急指挥车1台、16吨吊车1台、叉车1台、急救车辆一台等。三、救助抢险人员：救助指挥4人、救助协调人员10余人、消防指战员30余人、专家15人、应急指挥及反应人员30余人、警戒人员50余人、医护人员5人、其他人员60余人等。四、救助物资（包括但不限于下列）及溢油应急行动设备：喷洒装置3套、撇油器2套、围油栏200米、吸油拖栏120米、2000型船用喷洒装置1套、吸油毡160公斤、消油剂760公斤、二氧化碳300公斤及其他应急材料。五、救援设备：测爆仪2台、吹风机2合、呼吸器12具、隔热服4套等。

局在其中起着主导作用。

上述公共当局的海难救助行为可以总结如下：

1. 对海难救助活动的指挥。如：事故发生后，交通部指令其所属各部门全力组织救助；海上搜救中心统一部署，并要求相关海事部门全面启动应急预案；烟台海事局启动应急预案，设置应急指挥部，对具体海难救助作业发出各种指令。

2. 对各救助力量的组织与协调。这一部分工作主要由烟台海事局完成，在整个救助过程中，烟台海事局组织协调了消防、港口、救助打捞局、医院及公司等单位，整合了救援所用的各种物资。

3. 具体救助方案的制定。烟台海事局组织专家成立抢险应急专家和现场救援指挥中心，研究制定了详细的抢险方案。

4. 对遇难船舶的护航、监护及救助。烟台海事局调用其拥有的"海巡 0602/0603/0606/061"轮多次对"港龙运 3"轮进行护航、监护，并在其搁浅时使用拖缆助其脱浅。

2.2.2 公共当局海难救助行为的类型

对公共当局在海难救助中的法律行为，可以从不同角度进行分类：

（一）"从事救助"的行为与"控制救助"的行为

海难事故发生后，公共当局一旦收到事故信号，首先会组织各种力量对遇难船舶展开救助，必要时甚至会以自身力量具体开展救助作业。将公共当局的海难救助行为分为控制行为与从事行为是最为常见的分类方式。前者是指公共当局对海难救助作业的指挥、组织和协调行为；后者是指公共当局以自有力量具体从事海难救助作业的行为。

我国《海商法》第 192 条也采取了这种分类方式，将国家主管机关的救助作业分为主管机关从事的救助作业与主管机关控制的救助作业。国内学者在谈及国家主管机关的救助作业时，一般也遵循《海商法》的规定，将主管机关开展的海难救助作业做上述两种区分。《1989 年国际救助公约》第 5 条虽然是对"公共当局控制的救助作业"的规定，但在第 1 款中，明确了公共当局的救助作业可分为从事与控制两种类型。

（二）职责范围内的救助行为与职责范围外的救助行为

《1989 年国际救助公约》第 5 条第 3 款的规定"公共当局职责范围内的救助作业所能享有的本公约规定的权利和补偿的范围，由公共当局所在国的法律确定"，实质上将公共当局的海难救助行为区分为职责范围内的救助行为与职责范围外的救助行为。

一些国家的国内法也对公共当局的海难救助行为进行了类似区分。如《俄罗斯联邦商船航运大法典》第 353 条就规定"有义务从事救助作业的公共当局，如果进行的救助作业不在其通常的义务范围内，有权享有本章规定的权利与补偿。"英国司法实践中，在判断公共当局对其海难救助服务是否具有救助报酬请求权时，首先将公共当局的海难救助行为区分为职责范围内的救助行为与职责范围外的救助行为，再根据这种区分决定是否给予公共当局海难救助报酬。

2.3 公共当局海难救助行为的性质

对公共当局海难救助法律行为的性质，学界存在一定争议。有学者将公共当局从事或控制的救助作业称为强制救助，[1]

---

〔1〕 张胜春："我国现行强制救助作业的法律特征及缺陷"，载《中国水运》2008 年第 4 期。

认为这种强制救助是公共当局依照法律对发生在其管辖范围内的港口、内水、领海、专属经济区内的某些具有重大危害的海难事件采取的强制性救助措施。强制救助是沿海国家行使主权的一种表现，无论遇难船舶船长、所有人或其他财产的所有人、管理人是否同意，沿海国家或其主管机关均实施救助。[1]对于这种救助，应将其视为海商法上海难救助的一种类型，公共当局"从事或控制"救助活动是这类救助的基本特征，[2]且无论有无救助效果，救助方均可主张救助报酬或救助费用。[3]也有学者认为，船舶或其他财产在海上或者与海相通的可航水域遇险，严重威胁海上航行安全、海洋环境或者其他公共利益时，为了避免或减少对这种公共利益的损害，公共当局依照法律规定，使用强制力，对遇险的船舶或其他财产实施救助的行为，应该视为行政法上的行政强制。在这种救助中，公共当局与遇险船舶或财产的所有人之间产生的是行政法律关系而非民事法律关系，公共当局与作为行政相对人的遇险船舶或者财产所有人之间具有不平等的法律地位，其法律关系应依据行政法处理。而海难救助规范的是民事权利义务关系，只适用于调整平等主体之间的民事法律关系，因此，公共当局无权主张海难救助报酬。[4]

本书认为，对公共当局海难救助行为的法律性质不能一概而论，应该区分公共当局在海难救助中的不同行为类型，并对

---

　　[1]　郭萍、于泓："论救助款项的含义——兼论对我国《海商法》部分条文的理解"，载《当代法学》2002 年第 12 期；罗亿松：《海商法》，中国法制出版社 2000 年版，第 256 ~ 257 页；邢海宝：《海商法教程》，中国人民大学出版社 2008 年版，第 387 页；贾林青：《海商法》，中国人民大学出版社 2008 年版，第 235 ~ 236 页。

　　[2]　罗亿松：《海商法》，中国法制出版社 2000 年版，第 256 ~ 257 页。

　　[3]　贾林青：《海商法》，中国人民大学出版社 2008 年版，第 235 ~ 236 页。

　　[4]　胡正良："强制救助之研究"，载《中国海商法年刊》2010 年第 3 期。

不同类型的行为性质分别加以讨论。

2.3.1 公共当局"控制救助"行为的性质

公共当局控制海难救助的行为在实践中主要表现为：指挥、组织与协调相关力量对遇难船舶或其他海上财产进行救助。公共当局的控制行为主要有以下特征：

第一，公共当局对海难救助的指挥、组织及协调，属于其自身职责范围内的工作。《海上交通安全法》第38条规定，"主管机关接到求救报告后，应当立即组织救助。"也就是说，无论正在发生或者即将发生的海难事故是否会造成或可能造成环境污染、航道安全损害，公共当局在接到求救报告后都负有组织救助的义务和职责。如"港龙运3"海难救助中，虽然在海难事故发生后，宁波港龙公司先后向烟台海事局发出书面信函，请求烟台海事局协调各种力量对遇险船舶进行救助，但即使宁波港龙公司没有向烟台海事局提出这种请求，烟台海事局作为国家海事主管机关，也有义务组织、协调各种力量对"港龙运3"进行救助。

第二，公共当局指挥、组织及协调各种救助力量对遇难船舶或财产进行救助，这一过程对被救助方而言即表现为一种强制措施，被救助方必须接受公共当局对救助活动的各种安排。公共当局通过控制行为采取强制措施有明确的法律授权。《海上交通安全法》第31条规定，"船舶、设施发生事故，对交通安全造成或者可能造成危害时，主管机关有权采取必要的强制性处置措施。"该规定赋予了公共当局在海难事故造成或可能造成航道安全的情况下进行强制救助的权利。该条包含两层含义：一是，当发生事故的船舶、设施对交通安全造成危害的事实已经发生，但未结束时，公共当局有权采取必要的强制性处置措施。二是，船舶、设施对交通安全尚未造成危害，但是根据事实推断可能造成危害时，公共当局有权采取强制预防危害发生的措施。[1]《海洋环境保护法》第71条的规定，"船舶发生海难事故，造成或者可能造成海洋环境重大污染损害的，国家海事行政主管部门有权强制采取避免或者减少污染损害的措施。"该规定赋予了公共当局在发生海洋环境污染损害或损害威胁的情况下采取强制措施的权利。

第三，公共当局与控制行为体现了国家强制力。公共当局运用公权力调动各方力量对遇难船舶或财产开展救助，且其对海难救助作业的指挥、组织及协调不以被救助方的同意为前提，如果被救助方不听从公共当局的救助安排，一方面不影响其采取相应措施，组织相关力量强行救助；另一方面，其自身将面临行政处罚。

第四，公共当局采取控制行为具有紧迫性，其主要目的在于避免危害发生、控制危险扩大，并最终维护社会公共利益与社会公共秩序。

通过上述分析可知，公共当局在海难救助中的控制行为，是在海上突发事件发生后，其履行政府职能的一种具体体现。这种行为并不是单个行为，而是由多个具体行政行为所组成，其中包含了行政强制行为。

对比行政强制的要素，公共当局控制下的海难救助，既存在行政强制执行也存在行政强制措施。行政强制措施不以制裁违法为直接目的，而是以实现某一行政目标为直接目的，具有

---

〔1〕 郑中义、李国平：《海事行政法》，大连海事大学出版社2007年版，第259～260页。

预防和制止性，因此并不以相对人的行为违法为前提。[1]如前所述，公共当局介入的海难事故多为突发事件，实践中，行政强制措施的适用相对多一些。

而行政强制执行以行政相对人不履行应履行的义务为适用的前提条件，[2]鉴于救助的紧急性，行政强制执行的适用情况相对较少，仅适用于非常明确的强制救助作业中。如"明辉8"轮海难事故（"汕头海事局诉中国石油化工股份有限公司广东粤东分公司海上救助作业纠纷案"）[3]。2005年1月，中国石油化工股份有限公司广东粤东分公司向厦门华航石油有限公司购买柴油，由其自行提取货物并安排运输，后由鄂东海运有限责任公司所属"明辉8"轮装载被告所有的柴油，在从福建东山港驶往汕头港时，与"闽海102"轮在南澳岛附近海域发生碰撞，"明辉8"轮货油舱破损进水并沉没，海面出现漏油，需要采取紧急措施防止漏油范围进一步扩大。随后，汕头海事局向鄂东公司先后发出《海事行政强制措施决定书》要求鄂东公司实施清除污染、抽取货油、消除污染隐患。同时将决定书抄送给货主粤东分公司。在船东置之不理后，由上海打捞局的"沪救捞3"轮自行开始对"明辉8"轮沉船进行抽油作业。

主管机关在海难救助中的控制行为，无论是否表现为行政强制，也无论是表现为行政强制执行还是行政强制措施，依据《海上交通安全法》第38条的规定，其都属于主管机关法定职责内的工作。对这种法定职责范围内的救助行为能否主张海难

---

〔1〕 杨临宏：《行政法：原理与制度》，云南大学出版社2010年版，第483页。

〔2〕 王连昌、马怀德：《行政法学》，中国政法大学出版社2007年版，第220页。

〔3〕 广州海事法院（2005）广海法初字182号民事判决书（2005年9月15日）。

救助报酬？"自愿性"是获取海难救助报酬的要件之一，在判断救助人是否有权享有海难救助报酬时，首先应该判断救助人的救助行为是否出于自愿。主管机关对其救助行为能否主张救助报酬，应如同对一般海难救助人救助行为的判断一样，首先考察主管机关的救助行为是否出于自愿。主管机关在其职责范围外的救助行为，并不受其法定职责的强制性约束，主管机关具有自由选择的权利，可以根据其对救助作业的难易程度、自身的能力、投入成本的大小、预期收益等客观情况的综合判断而决定是否救助遇险船舶及财产。此时，如果主管机关选择了对遇险船舶及财产进行救助，则其救助行为显然满足获取海难救助报酬的"自愿性"要件。而对其职责范围内的救助行为，主管机关具有对遇险船舶及财产进行救助的法定义务，对此，主管机关没有选择权，无论其能否就其救助行为获取海难救助报酬，主管机关都必须提供救助，这种情况下主管机关的海难救助行为，显然不符合获取海难救助报酬的"自愿性"要件。

　　主管机关在海难救助中的控制行为，是一种典型的公法行为，主管机关与被救助人之间是一种行政法律关系而非平等的民事法律关系，主管机关就其控制海难救助的行为无法寻求私法上的海难救助报酬补偿。

2.3.2 公共当局"从事救助"行为的性质

　　公共当局以自有力量开展海难救助活动是否属于行政强制则存在争议。有学者认为，在海难救助中，公共当局以自有力量对遇难船舶或财产进行救助，也是一种行政强制行为。[1]也有学者认为，公共当局这种从事海难救助的行为尽管与传统海

---

〔1〕　胡正良："强制救助之研究"，载《中国海商法年刊》2010 年第 3 期。

难救助存在一定区别，但本质上仍属于《海商法》上的海难救助，其相应法律问题应依据《海商法》来处理，仅在救助报酬的确定上不适用传统海难救助的"无效果，无报酬"原则。[1]

上述争议出现的一个重要原因，是将公共当局的两种行为作为一种并列的行为加以考察，认为公共当局的控制行为和从事行为是两种并行的法律行为。本书认为，对两种行为之间的关系可以从两个角度来分析：就单纯探讨公共当局在海难救助中的行为表现而言，以公共当局为主体的行为可分为从事行为与控制行为两种；就进一步探讨两种行为之间的联系而言，从事行为与控制行为并非完全独立没有任何联系，从因果关系上来讲，先有控制行为，后有从事行为，公共当局从事救助的行为是控制行为的结果之一。在公共当局海难救助中，公共当局会组织协调各种救助力量具体开展救助作业，而其自身的力量也应属于被调动的救助力量之一。公共当局以自身力量从事救助作业的行为应视同其他应召救助人[2]的行为，不应简单的视为公共当局的行政强制行为。

（一）公共当局的"从事救助"的行为存在私法上的"合意"

公共当局的从事行为与其他应召救助人的海难救助行为存在极大的共性，两者在本质上都是海难事故发生后，公共当局所协调组织的前来开展救助作业的救助力量。就公共当局从事海难救助的活动，公共当局与遇险船舶或财产的所有人之间往

---

［1］ 李民："论强制救助"，载《中国律师 2000 年大会论文精选（下卷）》，法律出版社 2001 年版，第 3～5 页。

［2］ 应召救助人是指在海难事故发生后，应国家主管机关的召唤对遇难船舶进行救助的人。我国《海上交通安全法》第 38 条明确规定，海难事故发生后，有关单位和在事故现场附近的船舶、设施，必须听从主管机关的统一指挥。

有关应召救助人救助费用的论述，可参见刘长霞："海难救助应召救助人救助费用补偿机制研究"，载《中国海洋大学学报（社会科学版）》2014 年第 2 期。

往往存在一定的合意。如上述"港龙运 3"轮海难救助中，在船舶碰撞事故发生后，宁波港龙公司先后发出 4 封书面信函（请求派拖轮前往救助；请求派船前往救助并清除溢油；委托派消防船监控和海事巡逻船监护；在烟台港转驳货油委托安排维护船、消防车、清舱、引航事宜。书面请求中宁波港龙公司副经理朱玉伟签名，前两封加盖了宁波港龙公司合同专用章），请求烟台海事局予以救助，并承诺相应费用由宁波港龙公司负担。烟台海事局在事后提起海难救助报酬主张时，就认为宁波港龙公司上述请求救助的行为，应认定为宁波港龙公司在情况紧急的情形下向烟台海事局发出的要约。而山东省高院在审理案件后也认可了这种主张，认为："本案中，在船舶遇险的紧急情形下，宁波港龙公司难以逐一向参与救助的各方发出救助要约，烟台海事局一方面行使行政职权组织救助，另一方面针对宁波港龙公司的要约作出承诺，在亲自从事相应的民事行为的同时委托相关单位进行救助是为维护港龙公司的利益。事实上，烟台海事局自身参与了救助，其他施救各方也均是在烟台海事局的组织协调下进行救助，宁波港龙公司对救助行为也予以认可，且除牟平港务局外，其他救助方均委托烟台海事局一并主张权利，因此，应当认定，宁波港龙公司与烟台海事局之间构成了合同救助关系，烟台海事局有权依据救助合同主张救助报酬。"

姑且不论山东省高院的上述论述是否完全正确，但本书赞同其中所阐述的这一观点："烟台海事局自身从事的海难救助活动与其他施救各方的救助活动一样，都是在与被救助方——宁波港龙公司达成合意的情况下进行的"。

就作者目前掌握的相关案例来看，对公共当局的海难救助活动安排，包括各应召救助人的救助以及公共当局自身力量开展的救助，鲜有被救助者拒绝的情况。而海难救助法律关系的成立及相应救助报酬的产生，对双方当事人合意的要求仅为"被救助方对救助方的救助活动没有明确而合理的拒绝或制止"[1]，因此，对救助方的救助行为，被救助方的沉默构成对双方救助合意的默示同意。此外，实践中，被救助方通常没有必要对公共当局所安排的各应召救助人及公共当局本身的救助行为进行拒绝。首先，根据海难救助的"无效果，无报酬"原则，只有在救助取得效果的情况下，救助方才有义务支付救助报酬。如果救助完全没有效果，救助方也就没有义务支付救助报酬。因此，接受公共当局所安排的各种力量的救助，对被救助方来说与自行寻找救助力量进行救助的效果是一样的。其次，公共当局运用公权力调集各种力量对遇险船舶及财产进行救助的能力强于被救助方，加之海难救助的紧迫性，被救助方选择接受公共当局的安排实质上是一种"何乐而不为"的行为。最后，如果被救助方不接受公共当局所召集的各救助力量的救助，一是处于危险中的船舶或财产很可能得不到救助而遭受毁损，二是一旦船货毁损、燃油或货油泄漏造成海洋环境污染或给航道安全造成重大损害，责任方将面临巨大的赔偿责任及行政罚款，对被救助方而言，这种拒绝救助的行为得不偿失。

（二）公共当局与被救助方之间的现实契约

上述客观事实的存在，使得公共当局从事的救助作业中，公共当局与被救助方之间往往存在海难救助的合意，这种合意的结果便表现为双方当事人之间存在合同救助法律关系。而实践中，也不乏公共当局与被救助方之间签订书面救助契约的现

---

[1] 《海商法》第186条，《1989年国际救助公约》第19条。

实。如"汕头海事局诉信盈海运有限公司海难救助报酬纠纷案"[1]中，信盈海运有限公司所属的"信盈"轮装载河沙航行至台湾海峡南口时，因主机出现故障导致该轮失控，事发当时，"信盈"轮上存有大量柴油。在船上船员全部获救后，信盈公司授权信成公司与汕头海事局签订了《协议书》，对汕头海事局对"信盈"轮的救助事项作出相关规定。

公共当局与遇险船舶之间的这种私法契约，与一般民事主体之间的私法契约最大的不同在于，公共当局的公法主体身份及其提供公共服务的公共职责的存在。尽管本书主张应当将公共当局的从事行为视为公共当局控制行为的一种表现和结果，应当将公共当局的从事行为视为其他应召救助人的行为，但一个不容否认的事实是，公共当局作为应召救助人，与其他私法主体的应召救助人并不完全相同。一方面，公共当局作为公法主体，以提供公共服务为存在价值；另一方面，公共当局作为救助行为的从事者，其所使用的各种船舶、设备、人员都是由国家财政建立和支持的，而海难救助报酬具有极大的奖励性及盈利目的，公共当局能否就其使用公务船舶提供公共服务而获取盈利性质的报酬，有待商榷。

（三）公共当局与被救助方救助契约的性质

公共当局以自身力量从事救助作业时，与被救助方之间达成的救助契约的性质是什么？是行政契约还是私法契约？

1. 行政法上的行政契约概念。

行政契约是行政法理论研究的一个重要领域。英美普通法国家不存在划分公私法的传统，因此，其行政法中没有"行政契约"的概念，对涉及政府为一方当事人的契约统称为"政府

---

〔1〕　广州海事法院（2007）广海法初字第 352 号民事判决书（2008 年 7 月 3 日）。

合同"或"采购合同"。从普通法国家行政法著述看，政府合同的内容一般和商业有关。[1] 原则上，政府契约适用普通契约法的规定。除非政府基于社会公共利益或契约妨碍政府正常执行职务，行使国会、警察、征收等权，否则，不能废除普通法原则。[2] 而大陆法系国家存在公私法划分的理论传统，加之司法二元制的法制构造，认为应当将行政主体订立的契约划分为公法契约及私法契约。德国行政法上的"行政契约"也称为"公法契约"，依通说是指以行政法律关系为契约标的，而发生、变更或消灭行政法上权利义务的合意。这种契约完全适用公法，受行政法院管辖。在法国，以公务理论为中心，通过行政判例构建了行政契约理论。法国行政法院在行政审判中分辨行政法调整范围的主要理论依据是"公务理论"，因而属于行政法范畴的行政契约无疑要与公务有关。但对"合同与公务有关"这一标准应作较严格的解释，只有为直接执行公务而设定的合同才构成行政契约，其包括两种情况：一是合同当事人直接参加公务的执行；二是合同本身构成执行公务的一种方式。[3]

　　尽管大陆法系国家对行政契约的概念认识还存在一些分歧，但已经达成了某些基本的共识：[4] 其一，行政契约的当事人一方须为行政主体，没有行政主体作为当事人的契约就不是行政契约。其二，行政主体订立行政契约的目的，在于实现法定的行政目标，这是判断行政契约的实质性要件。如果行政主体订立契约的目的并不是实现法定的行政目标，则该契约就不能被

〔1〕　余凌云：《行政契约论》，中国人民大学出版社 2006 年版，第 20～21 页。
〔2〕　于安："政府活动的合同革命——读卡罗尔·哈洛和理查德·罗林斯：《法与行政》一书'酝酿中的革命'部分"，载《比较法研究》2003 年第 1 期。
〔3〕　余凌云：《行政契约论》，中国人民大学出版社 2006 年版，第 22～23 页。
〔4〕　蔺耀昌：《行政契约效力研究》，法律出版社 2010 年版，第 5～6 页。

定性为行政契约。其三，行政契约的法律效果是设立、变更或消灭行政法律关系，而非以设立、变更或消灭私法上的权利义务关系为目的。

行政契约与民事契约的根本差别在于标的内容，也就是所形成的法律关系的不同。行政契约当事人之间形成的法律关系是行政法上的权利义务关系，而民事契约所形成的是民事法律关系。原则上，行政契约优先考虑公共利益，通过行政法来调整，以行政救济来解决涉诉问题。民事契约则以意思自治原则为基础，由民法来调整，通过民事诉讼来解决纠纷。[1]因此，认定公共当局海难救助契约的性质，直接关系到这种契约的法律适用，进而直接影响公共当局是否具有私法上的海难救助报酬请求权。

2. 公共当局海难救助契约的性质。

对上述行政契约的概念厘清可知，行政主体以行政目标订立契约是行政契约的实质要件。如前文所述，海难事故发生后，公共当局在海难救助中的行为主要分为控制行为与从事行为。

公共当局指挥、组织及协调相关救助力量对遇险船舶及财产开展救助的控制行为，具有强烈的公益目的，以实现政府的行政职能为追求。无论公共当局是否就这种救助行为与被救助方达成合意，公共当局都必然会开展这些活动，如果公共当局在获知海难发生，或收到遇难方的求救而不进行上述行为，则公共当局就属于典型的行政不作为。而对公共当局的这种控制活动，被救助方通常不会拒绝（如前文所说，公共当局的这种控制活动通常是在被救助方发出请求后进行的，被救助方没有必要拒绝此类救助活动），在危及公共利益的情况下，被救助方

---

〔1〕　余凌云：《行政契约论》，中国人民大学出版社 2006 年版，第 31 页。

也无权拒绝。因此，对公共当局的控制行为而言，如果公共当局就此与被救助方之间达成了合意并成立了契约，这种契约应视为行政契约。这种契约以公共当局实现其自身行政目的为根本，双方当事人之间处于不完全平等的法律地位。

公共当局的从事行为作为控制行为的一种表现和结果，在地位上应等同于其他应召救助人。对于这种行为，除了公共当局的特殊主体身份外，与其他应召救助人的私法行为并无本质区别。由此推论，公共当局以自身力量对被救助方进行救助时，如果与被救助方之间签订了契约，则这种契约总体上应该视为私法契约而非行政契约，除非签订具体契约的公共当局本身即具有以自身力量对遇险船舶及财产进行海难救助的法定职责。

2.4 本章小结

公共当局介入海难救助有其现实必要性，随着国际海运业的发展，重特大海难事故对海上人命财产安全、海洋环境、通航安全等公共利益的危险性加大，传统海难救助已经不足以应对海洋环境保护的需要，加之海上人命救助与财产救助难以分割的现实，公共当局介入海难救助已经成为一种常态。

公共当局对海难救助的介入，主要表现为两种情况，一是在海难事故发生后，组织、指挥及协调各种力量对遇难船舶或财产进行救助，可称为控制行为；二是以自有力量具体从事海难救助，可称为从事行为。

公共当局海难救助与行政救助中的国家应急救助存在一定共性，都是在灾害发生后，政府面对非常状态所提供的一种特殊公共服务，其都含有减少突发事件所带来的严重社会危害及维护社会公共利益的目的。但是，两者在救助对象、被救助人的选择权、被救助人的受益、救助程度等方面存在较大差别。总体而言，两者区别大于共性，不能简单的将两者等同，并直接运用行政法上的理论来讨论公共当局的海难救助报酬请求权。

对公共当局海难救助行为的性质，不能一概而论，应该区分公共当局在海难救助中的不同行为类型，并对不同类型的行为性质分别加以讨论。公共当局的控制行为，是在海上事故发生后，公共当局履行政府职能的一种具体表现。这种行为并不是单个行为，而是由多个具体行政行为所组成，其中包含了行政强制行为。对公共当局的控制行为而言，如果公共当局就此与被救助方之间达成了合意并成立了契约，这种契约应视为行政契约。这种契约以公共当局实现其自身行政目的为根本，双方当事人之间处于不完全平等的法律地位。

而对公共当局的从事行为，不应将其视为与公共当局的控制行为并行的法律行为。本书认为，公共当局的控制行为与从事行为应为包容关系，公共当局从事救助的行为是控制行为的一种表现和结果。在公共当局海难救助中，公共当局会组织协调各种救助力量具体开展救助作业，而其自身的力量也应属于被调动的救助力量之一。公共当局以自身力量从事救助作业的行为应视同其他应召救助人的行为，不应简单的视为公共当局的行政强制行为。公共当局以自身力量对被救助方进行救助时，如果与被救助方之间签订了契约，则这种契约总体上应该视为私法契约而非行政契约，除非签订具体契约的公共当局本身即具有以自身力量对遇险船舶及财产进行海难救助的法定职责。

第3章
公共当局实现海难救助报酬请求权的法理障碍

3.1 公共当局的特殊主体身份对其海难救助
报酬请求权的影响

3.1.1 海难救助法律关系的私法本质

海难救助是从纯救助开始的，后来发展成合同救助。纯救助是指船舶遇难后，未曾向救助方请求外来援救，救助方自行救助的行为。在航海和通信技术不发达的年代，船舶遭遇海难事故后，船长有时无法与船舶所有人取得联系，甚至也无法请求外界的援救，此时，如果有过往船舶途经出事地点，便有可能自愿地提供救助服务。纯救助是在既无法定义务也无合同义务的情况下提供的救助，如果救助获得成功，救助方有权获得救助报酬。纯救助奉行的是自愿原则，这一原则不仅适用于救助人也适用于遇险财产的所有人。如果救助方为了获取救助报酬，不经遇险财产所有人的同意即自行救助，有时甚至在遭到拒绝的情况下强行救助，这样的救助即使取得了成功，救助方也无权请求救助报酬。纯救助的形式现已很少采用，一方面因其不签订救助合同，常发生救助报酬争议；另一方面，随着现代通信技术的发达，在发生海难事故后，遇险船舶有条件与外界取得联系，可以获得更有利的救助而不再仅仅依靠过往船舶的救助。

合同救助是依据救助方与被救助方所订立的协议，以"无效果，无报酬"为原则进行的救助。合同救助是当今海难救助应用最普遍的形式。在现代条件下，海难救助普遍实行合同救助的方式，当船舶遇险后，救助方和被救方以"无效果，无报酬"为原则，事先约定采用某一种救助合同格式并商定报酬的数额或将报酬的数额留待日后商定，如果救助取得成功，就依约支付报酬；如果救助取得部分成功，也应按比例支付报酬；如果救助根本没有取得效果，则救助方就无权取得报酬。合同救助是由传统的纯救助发展而来，同样奉行自愿的原则，如果救助方不顾被救助方的拒绝而强行救助，即使救助成功，也不能取得报酬。有时，尽管双方已经签订了救助合同，但在救助开始之前，被救方认为凭借救助方的力量难以达到使船舶脱离危险的目的，也可以提出终止救助而另选其他救助人，此时，如果救助人拒不听从救助方的意见，仍然坚持救助，被救方也可以"明确"而"合理"的拒绝支付救助报酬。

关于海难救助法律关系的性质，理论界一直存在争议。各种不同学说包括：无因管理说、准契约说、不当得利说、特殊事件说等。[1] 无因管理是民法上的概念，主要指在没有法定的或约定的义务时，为避免他人利益受损失，自愿管理他人事务或为他人提供服务的行为。无因管理说认为海难救助中的纯救助，救助方与被救助方之间不存在"法定的或约定的义务"，救

---

〔1〕　金涛:《海商法》，人民法院出版社 1999 年版，第 203 ~ 204 页；赵德铭:《国际海事法学》，北京大学出版社 1999 年版，第 428 页；张丽英:《海商法》，高等教育出版社 2006 年版，第 313 页；李克岳:"浅析海难救助的法律性质"，载《法制与经济》2011 年第 12 期；张丽英、邢海宝:《海商法教程》，首都经济贸易大学出版社 2002 年版，第 199 页；傅廷中:"海难救助及其立法"，载《世界海运》2002年第 1 期。

助方的海难救助行为在性质上应视为无因管理。准契约的概念源自罗马法，是指当事人之间虽然没有缔结契约，但基于公平原则与公序良俗等，其行为发生的效果应与缔结契约相同，包括无因管理、不当得利、监护、遗赠等。准契约说认为，海难救助中，即使救助方与被救助方之间没有订立合同，但是基于公平原则与公序良俗原则，应视为双方之间存在契约关系。不当得利是指没有合法根据而取得利益，致他人有损失的事实，由于该项利益的取得缺少法律上的根据，且其取得系建立在他人受有损害的基础之上，因此利益的享有人应当将该项利益返还给因此受有损害的人。不当得利说认为，在海难救助法律关系中，应将被救助方视为不当得利人，其向救助方支付的救助报酬相当于其取得的利益。其中，无因管理说较为普遍，按照民法上的解释，无因管理是指没有法定的或者约定的义务，为避免他人利益遭受损失而进行管理或服务的一种法律事实。[1]就海难救助而言，救助人对遇险财产进行救助，既无法律方面的义务，又无事先的合同约定，就这一点而言，海难救助行为与无因管理较为贴近。但海难救助的无因管理与民法中的无因管理有所不同。民法上的无因管理，财产所有人有义务向管理人支付必要的费用或因管理事务而遭受的财产损失，但不存在报酬请求权。而在海难救助中，一旦救助成功，救助人有权按照"无效果，无报酬"原则请求支付救助报酬，此种报酬的数额通常远远超过无因管理情况下，管理人向财产所有人索取的为管理事务所支出的必要费用。

尽管理论界对海难救助法律关系的性质还存在一定争议，

---

〔1〕 （台）王泽鉴：《债法原理（第一册）》，中国政法大学出版社 2001 年版，第 325 页；（台）郑玉波：《民法债编总论》，中国政法大学出版社 2004 年版，第 71 页；王利明：《民法学》，法律出版社 2005 年版，第 505 页。

但对海难救助法律关系，大家均认同：第一，传统海难救助强调的是救助的自愿性，无论其以纯救助的方式还是合同救助的方式开展。海难救助法律关系中，双方当事人处于平等的法律地位。其次，尽管对海难救助的法律性质存在争议，并难以寻找到合适的法学理论加以解释，但对于救助方与被救助方之间产生的是一种民事法律关系，则是毫无争议的。

3.1.2 公共当局能否成为私法关系主体

享有国家公权力，具有公法上的行政管理职能的公共当局能否成为私法关系主体，直接影响到其在海难救助中能否与被救助方之间产生海难救助法律关系，并进而影响到其能否享有海难救助报酬请求权。

（一）民法理论对公共当局民事主体资格的认同

民事法律关系，是指由民法规范的，以民事权利和义务为内容的关系。其中，民事法律关系主体是指，依法享有民事权利、履行民事义务的人。一般来说，近现代民法所认可的民事主体有两种：自然人和法人。自然人是指每一个有生命的人类个体，即使失去了行为自由的植物人也不例外；法人与自然人相对应，是指由法律直接赋予其主体地位的组织体。民事主体并不限于这两类"人"。参与民事法律关系，从事民事法律活动的国家，也具有民事法律主体的地位，只不过比一般的民事主体显得较为特殊而已。[1]在民法认可国家从事民事法律活动，并将国家纳入民事法律关系主体范围之内的背景下，实难否定公共当局的民事法律关系主体地位。因此，通常而言，在海难救助中，公共当局的公法主体身份并不影响其成为海难救助民

---

〔1〕　王利明：《民法学》，复旦大学出版社2004年版，第30页。

事法律关系的主体。

如前所述，海难救助以纯救助开始，后来发展并主要表现为合同救助。大多数情况下，判断公共当局是否具有海难救助报酬请求权的一个重要前提就是，公共当局与被救助方之间是否具有救助的合意，双方之间是否存在救助合同关系。对作为民事法律关系之一的合同法律关系，按照《民法通则》第55条的规定，合同的有效要件包括：行为人具有相应的民事行为能力；意思表示真实；不违反法律或者社会公共利益。因此，公共当局是否具有相应的民事行为能力，直接决定了其与被救助方之间能否产生有效的救助合同法律关系。而民事行为能力这一要件，要求当事人能够了解合同的状况和法律效果，主要是为了保护当事人的合法权益和减少纠纷的出现。广义上公共当局既可以是个人，也可以是机构，但严格说来，私人并不能仅仅因为其具有法定的或其他公共权力而被简单的视为公共当局。[1]在绝大多数情况下，公共当局以机构的形式存在。按照我国原来的法律规定及其理论，法人签订合同严格的受其宗旨、目的、章程和经营范围的制约，超过经营范围的合同无效。这种做法受到了学说的批评，而且有相当数量的判决甚至司法解释也已转变立场，[2]认定在合同内容只要不违反强行性规范就视为有效。[3]因此，作为公法人的公共当局理应具有订立海难

---

〔1〕 司玉琢：《国际海事立法趋势及对策研究》，法律出版社2002年版，第281页。

〔2〕 例如，《最高人民法院关于适用〈中华人民共和国合同法〉若干问题的解释（一）》（法释〔1999〕19号）第10条规定："当事人超越经营范围订立合同，人民法院不因此认定合同无效。但违反国家限制经营、特许经营以及法律、行政法规禁止经营的除外。"需要注意的还有，专为特定目的而设立的法人签订合同，仍不得超过其营业执照上规定的经营范围及其辐射的合理范围。否则，合同无效。

〔3〕 崔建远：《合同法》，法律出版社2007年版，第95～96页。

救助合同的民事行为能力。

（二）行政法理论对公共当局民事主体资格的认可

我国行政法理论认为，以行政达成国家任务的方式或手段来区分，可分为公权力行政与私经济行政（或称国库行政）。公权力行政又可称为"高权行政"，是指行政主体基于国家统治权而从事的行政活动。而私经济行政，又称国库行政，是指行政主体利用私法规定的方式来完成国家任务的行为。私经济行政又可分为三种：行政辅助行为、行政营利行为和行政私法行为。其中行政辅助行为，即以私法方式付诸行政的行为，是指行政机关以私法方式获致日常行政活动所需的人力与物品；行政营利行为，是指国家以私法方式参与社会上的经济活动，其主要目的在于增进国库收入，有时兼负执行国家政策的任务；行政私法行为，是指由行政主体以私法方式直接完成国家任务的行政活动。[1]

在行政法理论上，行政主体既能签订民事契约又能签订行政契约的观点已经得到了普遍的支持。[2]因此，公共当局特殊的主体身份并不阻碍其成为海难救助合同当事方。至于这种公共当局所签订的海难救助合同是否有效成立，应综合考察其他各种因素。比如，在英国司法实践中就存在这样的案例，即使公共当局就其海难救助活动与被救助方之间存在救助契约，但由于这种救助本身就属于公共当局的职责范围之内，法院最后认为这种救助契约的存在不能成为公共当局主张海难救助报酬的依据。

---

〔1〕 应松年：《行政法与行政诉讼法学》，法律出版社 2009 年版，第 6 页。

〔2〕 而且，行政法学者一般认为，鉴于行政契约与民事契约在法律关系的性质、法律调整方式以及救济方式的不同，应加以区分辨别。

3.2 公共当局的三大法定救助义务
对其获取海难救助报酬的影响

为使海上遇险人员、船舶及其他财产能够得到迅速、及时、有效的救助，法律为公共当局规定了一些基本的救助义务。《联合国海洋法公约》即从公法的角度首先对这种救助义务进行了原则性的规定，[1] 要求国家应责成本国籍船舶的船长，在不严重危及其船舶、船员或乘客的情况下，履行以下法定救助义务：其一，救助在海上遇到的任何有生命危险的人；其二，在获悉有遇难者需要救助的情形，在可以合理地期待其采取救助行动时，尽速前往拯救；其三，在碰撞后，对另一船舶、其船员和乘客给予救助，并在可能情况下，将自己船舶的名称、船籍港和将停泊的最近港口通知另一船舶。

尽管《联合国海洋法公约》所规定的这种救助义务的最终承担者是船长，但其实质上从两个方面对公共当局施加了海难救助中的法定救助义务。一方面，国家有义务责成本国国籍船舶的船长实施法定救助义务。对公共当局而言，在具体海难救助中，公共当局有义务责成、组织本国国籍的非公务船舶的船长履行法定救助义务。另一方面，国家所有的公务船舶的船长也应承担上述义务。就公共当局而言，其在具体海难救助中组织、指挥、使用的公务船舶的船长都应履行法定救助义务。

海难救助报酬请求权构成的核心要件是救助人的救助须出于自愿，自愿原则曾被视为授予海难救助报酬的最重要的原则。[2]

---

〔1〕《联合国海洋法公约》第 98 条。

〔2〕 司玉琢：《国际海事立法趋势及对策研究》，法律出版社 2002 年版，第404 页。

在自愿原则下，救助人是否有权就其提供的海难救助服务主张救助报酬，取决于其是否为自愿救助人。也就是说，救助人所实施的救助不能是基于其法定职责或法定义务或其他合同约定而进行的救助。《1910 年救助公约》没有明确规定这一原则，只是以举例的方式暗含了对这一原则的承认，这种暗示主要体现在其第 4 条对拖轮救助服务救助报酬请求权的规定，"拖轮对于被拖船舶或该船所载货物的援助或救助，无权要求报酬，除非它所提供的服务被认为是履行拖航合同之外的服务。"《1989 年国际救助公约》也没有明示这一原则，而是通过对救助报酬确定标准的规定，暗示了这一基本原则。那么公共当局所具有的上述三大法定救助义务，是否会影响公共当局开展海难救助的自愿性，并进而影响到公共当局的海难救助报酬请求权呢？

3. 2. 1　救助海上遇险人命的法定义务及其影响

（一）救助海上遇险人命的法定义务

尽管道德义务在民法中并不具有法律基础，但是在海上救助人命一直就是海员的传统义务。当前国际公约及许多国家的法律均将救助海上遇险人命视为一项法定义务。《1974 年国际海上人命安全公约》（2004 综合文本）第 Ⅴ 章第 33 条第 1 款规定，处于能提供救助位置的船舶船长在接到来自任何方面的关于海上人员遇险的信号时，应以全速前往提供援助，如有可能应通知遇险人员或搜救机构，本船正在前往援助中。如果接到遇险警报信号的船舶不能前往援助，或因情况特殊认为前往援助不合理或不必要时，该船长必须将未能前往援助遇险人员的理由载入航海日志。《1982 年联合国海洋法公约》第 98 条规定，每个国家应责成悬挂该国旗帜航行的船舶船长，在不严重危及其船舶、船员和旅客的情况下：① 救助在海上遇到的任何有生命危险的人；② 如得悉有遇难者需要救助的情形，在可以合理地期待其采取救助行动时，全速前往搜救；③ 在碰撞后，对他方船舶、船员和旅客给予救助，并在可能情况下，将船名、船籍港和将停泊在最近港口通过另一船舶。《1910 年救助公约》第 11 条规定："对于在海上遭遇生命危险的每一个人，即便是敌人，只要对其船舶、船员或旅客不致造成严重危险，每一艘船的船长都必须施救。"《1989 年国际救助公约》第 10 条第 1 款也规定："只要不致于对其船舶及船上人员造成严重危险，每个船长都有义务援救在海上有丧生危险的任何人员。"

我国《海上交通安全法》第 36 条规定了对人命的救助义务："事故现场附近的船舶、设施，收到求救信号或者发现有人遭遇生命危险时，在不严重危及自身安全的情况下，应当尽力救助遇难人员，并迅速地向主管机关报告现场情况和本船舶、设施的名称、呼号和位置。"《海商法》第 174 条规定："船长在不严重危及本船和船上人员安全的情况下，有义务尽力救助海上人命。"

根据《1974 年国际海上人命安全公约》和《1979 年国际海上搜寻救助公约》，人命救助和海上搜救是各缔约国政府应尽的义务。依上述公约规定，各缔约方须保证为在其海岸附近的海上遇险人员提供适当搜救服务，并作出必要的安排。各当事国应单独地或与其它国家合作，参与开展搜救服务的工作，确保对海上遇险的任何人员提供援助。我国于 1985 年加入《1979 年国际海上搜寻救助公约》，并于 1989 年组建中国海上救助中心。目前，中国海上搜救中心办公室设在中华人民共和国海事局，负责全国的海上搜救指挥及海上搜救力量的组织与协调。沿海各省直属局及分支局设有省级搜救中心和搜救分中心，负责本地区海上搜救任务和当地海上搜救力量的组织与协调。

对未履行上述救助海上遇险人命的救助义务者，各国一般都规定了相应的处罚措施。如我国《海上交通安全法》就明确规定，如果事故现场的船舶在发现有人遭遇生命危险时，在不严重危及自身安全的情况下，不去尽力救助遇难人员，主管机关可以视情节给予警告、扣留或吊销职务证书、罚款的处罚。[1] 除民事责任外，未履行救助海上遇险人命的义务还可能导致刑事责任。如我国台湾地区有关规定指出，船长或行使船长职权的人对遇有行将淹没或者其他危难的人，在不甚危害其船舶、海员、旅客安全范围内应尽力救助，如有余力而置之不顾，船长处3年以下有期徒刑或拘役；如因碰撞所致海难，其碰撞船舶的船长在碰撞后应对他船船长、海员、旅客尽力救助，违者处5年以下有期徒刑。英国1995年《商船航运法》规定救助海上遇险人命的义务适用于所有船长。根据1995年《商船航运法》的规定，船长如果违反《1989年国际救助公约》第10.1条关于救助海上遇险人命的规定，将（a）即裁定为犯罪，将被判处不超过6个月的监禁或/并判处不超过法律最高限额的罚款；（b）控告为犯罪，将被判处不超过两年的监禁或/并处罚金。[2]

（二）救助海上遇险人命的义务对公共当局海难救助报酬请求权的影响

救助人命作为法定救助义务是基于人道主义精神而产生的，为道德上之最高义务。各国法律及相关国际公约都将对人命的

---

〔1〕《海上交通安全法》第36、44条。

〔2〕　MSA 1995, s. 224, Sched. 11, Pt II, para. 3（1）.

救助置于首要的地位，并通常认为，人命是无价的，[1]救助人命不能请求救助报酬。[2]如《1989年国际救助公约》第16条第1款就确定了救助人命无权获取救助报酬的原则。[3]但通常认为，如果在同一海难事故中，财产获救的同时人命也获得救助，那么，参与人命救助的人有权和救助财产的人一起分享合理份额，但这样的费用从法律上来讲不能称作救助报酬，而仅仅是对救助人命者的一定补偿。[4]

　　救助人命的法定义务是否会影响同一海难救助中救助财产者所应获得的救助报酬？对此，我国《海商法》及相关国际公约在规定了救助海上遇险人命的法定义务后，没有对此做出明

─────────────

〔1〕　也有个别国家承认特殊情况下的救助人命报酬请求权。如英国《1995年商船航运法》目录11第2部分第5条授权国务秘书，如其认为合适，可给予救助人命的救助人一笔或者额外的一笔报酬。该条适用于以下情况：①救助作业全部或部分在英国水域进行，救助任何国籍船舶上的人命，或者救助英国籍船舶上人命；并且②船舶和其他财产已经全部灭失，或者救助人根据《1989年救助公约》第16（2）所能获得的救助报酬的数额低于救助人命作业的合理数额。当前，也有部分学者主张就人命救助可以取得救助报酬或建立相应的奖励机制，如，曲涛："海上人命救助报酬的探讨"，载《航海技术》2003年第5期。穆建华："海上人命救助相关法律问题研究"，大连海事大学2011年硕士论文，第50页。王婵："关于海上人命救助报酬问题的初探"，载《珠江水运》2005年第4期。Jason Parent, No Duty to Save Lives, "No Reward for Rescue – Is That Truly the Current State of International Salvage Law", *Annual Survey of International & Comparative Law*, 12（2006），87等。

〔2〕　参见曲涛："海上人命救助报酬的探讨"，载《航海技术》2003年第5期；Jason Parent, No Duty to Save Lives, "No Reward for Rescue – Is that Truly the Current State of International Salvage Law." *Annual Survey of International & Comparative Law.* 12（2006），87. Bryan C. Reuter, "Life Salvage：Another Call for Reimbursement". *Loyola Law Review.* 41（1995～1996），23. Dana Andrew Lejune, Life Salvage – Then and Now. *South Texas Law Review.* 22（1982），579.

〔3〕　《1989年国际救助公约》第16条　人命救助

1. 获救人无须支付报酬，但本条规定不影响国内法就此作出的规定。

2. 在发生需要救助的事故时，参与救助作业的人命救助人有权从支付给救助船舶，其它财产或防止或减轻环境损害的救助人的报酬中获得合理份额。

〔4〕　如我国《海商法》第185条、《1989年国际救助公约》第16条。

确规定。但从相关国际公约及有关国家法律的表述来看，在救助人命的同时救助了财产，只要这种救助财产的行为符合海难救助报酬所要求的"自愿"原则，救助者就应该有权就其救助遇险财产的服务主张海难救助报酬。对此，英国 1995 年《商船航运法》做出了明确的规定，尽管救助海上遇险人命的义务适用于所有船长，然而，船长履行上述义务并不影响其本身及任何他人依据救助公约或合同所享有的报酬权。[1]

因此，就公共当局的海难救助作业而言，其救助人命通常不能获取救助报酬。只有在救助人命与救助财产同时存在的情况下，其单纯救助人命的行为可以从财产救助人处获取合理份额的补偿。而在公共当局控制的海难救助中，救助遇险人命法定义务的存在，不应该影响其他应召救助人救助财产时所应享有的海难救助报酬请求权。就此而言，救助遇险人命的法定义务，并不会影响公共当局就其从事海难救助的行为主张救助报酬。

3.2.2 对海难救助做出反应并尽速前往救助的法定义务及其影响

（一）对海难救助做出反应并尽速前往救助的法定义务

这一法定义务要求船长在收到海上遇难信号或任何其他方式发出的遇难信息后，除存在其无法前往或没必要前往的特殊情形外，应全速前往救助。

我国《海上交通安全法》第 38 条规定："主管机关接到求救报告后，应当立即组织救助。有关单位和在事故现场附近的船舶、设施，必须听从主管机关的统一指挥。"一方面规定了主管机关对海难救助做出反应并尽速组织救助的义务，另一方面

---

〔1〕　MSA 1995, s. 224, Sched. 11, Pt II, para. 3 (2).

规定了有关单位及船舶、设施听从主管机关的指挥开展救助的义务。

为了鼓励海上航行的船舶对海难救助做出反应并尽速前往救助，海商法上有关海上货物运输的规定，对作为承运人三大法定义务之一的"不得绕航"做了例外规定，如我国《海商法》第 49 条即规定，船舶在海上为救助或者企图救助人命或者财产而发生的绕航，不属于违反不得绕航义务的规定。

对这一义务的违反，轻则受到罚款、吊销船长船员证书等处罚，重则构成犯罪。如英国 1995 年《商船航运法》第 93 部分规定了船长对遇难信息做出反应的义务。如果船长违反这种义务，将构成犯罪。[1]

（二）对海难救助做出反应并尽速前往救助的法定义务的影响

对海难救助做出反应并尽速前往救助的法定义务主体主要是指海上航行的船舶，在我国还包含主管机关及有关单位和设施。那么这种法定义务对公共当局获取海难救助报酬会有哪些影响？英国 1995 年《商船航运法》在规定船长的这一法定义务之后，明确规定这一义务的存在并不影响其本人及其他任何人的救助报酬请求权。[2]而我国法律及相关国际公约并没有对此问题进行明文规定。

此时判断公共当局是否有权主张海难救助报酬，其核心要素仍然是公共当局的救助行为是否出于自愿。就公共当局的控制行为，即其对海难救助的组织、指挥及协调行为，除了在某种意义上作为其对海难救助的通常反映外，其更重要的意义在于履行法定职责。至于这种履行法定职责的行为是否影响其海

---

〔1〕 MSA 1995, s. 93（6）.

〔2〕 MSA 1995, s. 93（7）.

难救助报酬请求权，本章将在第三部分加以讨论。就公共当局的从事行为而言，其主要表现为响应海难救助并安排自身力量具体开展救助作业，其法律地位应视同为其它应召救助人。公共当局这种从事行为，如同应召救助人从事海难救助作业的行为一样，影响其是否成为自愿救助人的主要因素是"公共当局的控制"。那么公共当局的这种控制行为是否影响应召救助人（包含公共当局）成为海难救助的自愿救助人？

公共当局的控制主要表现为指挥、组织及协调。实践中，公共当局对应召救助人的指挥主要存在于两个方面，一是指令应召救助人对遇难船舶进行救助，如：在 2011 年"达飞利波拉"轮海难救助中，"达飞利波拉"驶离厦门港时于外锚地附近海域发生搁浅，由于船上装有大量燃料油，若船体发生破损将导致燃料油泄漏事故。厦门迅速启动应急预案进行施救。厦门海事局结合实际情况，共指令 23 家单位、30 余艘次船舶和 486人次参与具体救助作业。[1]二是对应召救助人开展救助作业的具体方式进行指挥。

公共当局的指挥对应召救助人开展救助作业"自愿"性的影响主要体现在第一种情况下。应召救助人出现的海难救助中，形成了三种法律关系：应召救助人与公共当局之间的法律关系、应召救助人与被救助人之间的法律关系以及公共当局与被救助人之间的法律关系。公共当局指令应召救助人对遇难船舶进行救助，如果应召救助人拒绝，则其将受到主管机关的行政处罚，[2]此时，应召救助人与被救助人之间不会产生海难救助法律关系。

---

〔1〕 "'达飞利波拉'轮抢险救助行动总结大会在厦门隆重召开"，载 http://www.xmmsa.gov.cn/html/xmhsj/hszxxx/20110830111183011264852 29382.htm，访问时间：2012 年 12 月 10 日。

〔2〕《中华人民共和国海上海事行政处罚规定》第 65 条。

如果应召救助人接受公共当局的指令，则仅就应召救助人与被救助人之间的法律关系而言，应召救助人对被救助人的救助应视为出于自愿。因此，从结果论来看，公共当局的指挥并不会对应召救助人的"自愿"产生影响。究其本质原因，"自愿"主要体现在应召救助人与被救助人之间的法律关系中，而公共当局的指挥主要存在于公共当局与应召救助人之间的法律关系中。

在我国海事司法实践中，只要被救助人不明确拒绝应召救助人的救助，从鼓励救助的角度，一般认定应召救助人与被救助人之间成立海难救助法律关系，进而支持应召救助人的海难救助报酬主张。如，在营口港务集团有限公司诉舟山市普陀利达海运有限公司救助报酬纠纷案[1]中，被告所属的"利达洲18"轮于2004年1月16日在大连海域发生火灾，原告所有的"营港10"及"营港12"轮应营口海上搜救中心的指令，出港前往出事海域执行搜救任务，但因风浪较大，在接近失火船舶50分钟后，就到旅顺羊头洼避风，3日后返回鲅鱼圈港，期间产生费用近40万元。"利达洲18"轮最终在其他救助力量的共同努力下获救。事后，营口港务集团将"利达洲18"轮船东舟山市普陀利达海运有限公司告上大连海事法院，提出海难救助报酬主张。大连海事法院审理认为：原、被告之间虽然没有书面的救助合同，但原告在被告船舶遇险情况下，应海事主管部门的要求参与救助，属于纯救助，并取得了救助效果。尽管原告到达失火船后50分钟即去避风，实际从事救助的时间甚短，但从鼓励救助的法律宗旨角度出发，对原告请求该次救助作业

---

[1] 一审：大连海事法院（2004）大海商确字第8号民事判决书（2004年9月2日）；一审：大连海事法院（2004）大海商确字第55号民事判决书（2004年9月3日）。

的实际费用，应予支持。

就公共当局的从事行为而言，如同应召救助人的海难救助作业，其海难救助报酬请求权不因其具有对海难救助做出反应并尽速前往救助的法定义务而受到影响。

3.2.3 船舶碰撞后互救的法定义务及其影响

（一）船舶碰撞后互救的法定义务

船舶碰撞后互相救助的义务，已经得到普遍承认。《1910 年救助公约》第 8 条规定，"当碰撞事故发生以后，在不致于对本船及船上人员构成严重威胁的情况下，船长应组织船员尽力救助对方船舶及船上的人员，而不论碰撞事故是由哪一方的责任所引起。"我国《海商法》第 166 条规定了船舶碰撞后互救的义务，"船舶发生碰撞，当事船舶的船长在不严重危及本船和船上人员安全的情况下，对于相碰的船舶和船上人员必须尽力施救。碰撞船舶的船长应当尽可能的将其船舶名称、船籍港、出发港和目的港通知对方。"《海上交通安全法》第 37 条也做了类似的规定，"发生碰撞事故的船舶、设施，应当互通名称、国籍和登记港，并尽一切可能救助遇难人员。在不严重危及自身安全的情况下，当事船舶不得擅自离开事故现场。"英国 1995 年《商船航运法》第 92 部分规定了船舶碰撞后互救的法定义务，"在船舶发生碰撞后，在不致于对本船及船上人员构成威胁的情况下，船长应尽力救助对方船舶及船上的人员。如果船长或其他负责人在没有特殊理由的情况下违反上述义务，将构成犯罪。"

（二）船舶碰撞后互救义务的影响

船舶发生碰撞后，碰撞船舶履行相互救助的义务之后，能否就己方对对方船舶提供的救助服务主张救助报酬？

英国 1995 年《商船航运法》明确规定，船长救助人命的法定义务及对海难救助做出反应并尽速前往救助的法定义务不影响本人及其他任何人的海难救助报酬请求权，而对于船舶碰撞后互救的法定义务是否影响救助者的海难救助报酬请求权，没有做出明确规定。一般认为，此时救助者不能就其救助服务主张救助报酬。主要理由为，在船舶碰撞事故中，船舶对碰撞事故存在部分或者全部过失，基于此，船主及船员都不可以就其提供的救助服务主张救助报酬。如果没有过失的碰撞一方对另一方进行救助，其能否就此主张海难救助报酬？这种情况下救助者的救助报酬请求权，英国早期的案例已经予以承认。[1]

我国《海商法》及相关国际公约都没有对这一法定义务是否影响海难救助报酬请求权做出明确规定。但实际上，即使不以法定义务或其对事故的责任为由而排除碰撞船舶一方的救助报酬请求权，根据《1989 年国际救助公约》第 18 条的规定，因有责任一方对碰撞事故的过错而使救助成为必须或更加困难的现实，其部分或全部的海难救助报酬可被剥夺。[2]

因此，公共当局的船舶在与其他船舶发生碰撞后，如果公共当局的船舶在碰撞事故中完全没有过失，则其对另一方船舶及财产的救助服务应有权主张救助报酬。而如果公共当局的船舶在碰撞事故中存在过失，则无论依据《1989 年国际救助公约》还是依据我国《海商法》的规定，其部分或者全部的海难救助报酬都有可能被剥夺。也就是说，公共当局在船舶碰撞后所应承担的互救义务，并不会从根本上影响公共当局的海难救助报酬请求权。

---

[1] The Beta 案，(1884) 5 Asp. M. L. C. 276.

[2] 我国《海商法》第 187 条也做了类似规定：由于救助方的过失致使救助作业成为必需或者更加困难的，或者救助方有欺诈或者其他不诚实行为的，应当取消或者减少向救助方支付的救助款项。

3.3 公共当局的法定职责对其获取海难救助报酬的影响

3.3.1 法定职责的含义

公共当局的法定职责，主要是指依据法律规定，作为公共当局的具体部门的职权和责任。如根据我国《消防法》的规定，公安消防队的主要法定职责为火灾扑救工作。公共当局设置的目的就在于履行其本身所具有的法定职责，公共当局法定职责的存在直接决定了公共当局行为的公益性，一方面，其管理的事务为公共事务而非私人之事；另一方面其法定职责的履行在于实现国家职能。为保证公共当局正常履行法定职责，国家财政直接支持公共当局履行法定职责的各项费用支出。

本章第 2 节所阐述的法定义务，仅特指"救助海上遇险人命的义务、对海难救助做出反应并尽速前往救助的义务及船舶碰撞后互救的义务"，这三大法定救助义务适用于所有公共当局，而法定职责的内容则依公共当局的具体部门不同而有所区别，如公安消防队的法定职责是扑救火灾，而海上搜救中心的法定职责是救助海上遇险人命。

3.3.2 法定职责对公共当局海难救助报酬请求权的影响

公共当局法定职责的存在是否会直接影响其海难救助报酬请求权，由国家财政直接支持的公共当局履行法定职责的行为能否产生私法上的海难救助报酬？

以消防队扑救火灾的行为为例。依据我国《消防法》规定，消防队具有扑救火灾的法定职责。公安消防队扑救火灾，不得向发生火灾的单位、个人收取任何费用。仅对参加扑救单位外火灾的专职消防队、义务消防队所损耗的燃料、灭火剂和器材、装备等依规定给予补偿。[1]那么港口公安局消防队能否就其在海难救助中扑救火灾的行为主张救助报酬?

我国《海商法》第 192 条规定了主管机关的海难救助报酬问题,并没有区分职责内外的救助。[2]只要主管机关提供了救助服务并取得了救助效果,就承认主管机关的海难救助报酬请求权。在烟台海事局诉宁波港龙海运有限公司海难救助纠纷案中,[3]在对"港龙运 3"轮进行救助的过程中,烟台港公安局消防支队曾参与抢险救助。[4]海难救助结束后,烟台港公安消防支队致函烟台海事局,确认由烟台海事局向被救助方统一索赔救助款项。烟台海事局就此向青岛海事法院提起海难救助报酬主张,青岛海事法院及山东省高院均支持了烟台海事局的海难救助报酬请求权。同样关于消防队扑救火灾的行为,我国台湾地区的"商港法"规定,船舶在外海发生火灾,经港口当局允许进入港内靠泊,消防队完成灭火作业后,有权请求救助报酬。对停泊在港口内的失事船舶提供灭火或其他服务,认为是履行其职务内的职责,不得请求救助报酬。[5]英美国家的司法判例一般也认为公共当局就其职责范围内的救助行为不得主张

---

[1] 《中华人民共和国消防法》第 49 条。

[2] 《中华人民共和国海商法》第 192 条:国家有关主管机关从事或者控制的救助作业,救助方有权享受本章规定的关于救助作业的权利和补偿。

[3] 案件详情参见本书第 3 章。

[4] 此次救助作业中,烟台港公安局消防支队出动车辆 6 台,消防指战员 30 人,测爆仪 2 台,吹风机 2 台,呼吸器 12 具,隔热服 4 套等抢险救援器材设备,提供了抢险现场监护、抢险现场防爆检测、抢险事故处置咨询等服务。

[5] 我国台湾地区"商港法"第 24 条第 2 项:商港管理机关对于申请入港船舶,认为危及商港及公共安全之虞者,非俟其原因消灭后,不得入港。因此在港外发生火灾,经允许入港者,其灭火行为自费消防队的职责,所以应由救助费用请求权。

海难救助报酬。

公共当局职责范围内的海难救助行为，本质上是公共当局履行其法定职责的一种具体表现。公共当局能否就此行为主张海难救助报酬，主要取决于此时公共当局的海难救助行为是否符合海难救助报酬的"自愿"要件。"自愿"要求救助人开展救助完全出于自愿，其有权选择是否对遇险船舶及财产进行救助。公共当局履行法定职责的行为，是一种法律为公共当局所规定的强制性义务，并不以公共当局的意愿为转移。如果公共当局不履行其承担的法定职责，则构成行政不作为。就公共当局法定职责内的海难救助行为而言，在发生海难事故后，公共当局对遇险船舶或财产的救助是其履行法定职责的具体方式。即使被救助方没有向具有法定救助职责的公共当局做出请求、双方没有达成救助协议，公共当局也有义务开展救助行为。在此情况下，难以将公共当局视为自愿救助人。

因此，公共当局法定职责的存在，直接影响公共当局的海难救助报酬请求权。就公共当局法定职责内的海难救助行为，因不满足海难救助的自愿性要件，不能主张海难救助报酬。

3.4 本章小结

海难救助法律关系本质上是一种私法关系。那么享有国家公权力、具有公法上的行政管理职能的公共当局，能否成为海难救助法律关系主体？梳理当前的民法理论及行政法理论可知，公共当局这种特殊的身份，并不影响其成为私法关系的主体，进而成为海难救助合同的当事方。

救助海上遇险人命的义务、对海难救助做出反应并尽速前往救助的义务及船舶碰撞后互救的义务，被视为海难救助上的三大法定义务。从相关国际公约及国家的法律规定来看，这三大法定义务的直接义务主体为海上航行船舶的船长，间接义务主体则为公共当局。公共当局法定救助义务的存在是否影响其海难救助报酬请求权，主要取决于公共当局所具有的法定义务是否会影响公共当局开展海难救助活动的自愿性，经过分析，本书认为：①救助遇险人命的法定义务，并不会影响公共当局就其从事海难救助的行为主张救助报酬。②就公共当局的从事行为而言，如同应召救助人的海难救助作业，其海难救助报酬请求权不因其具有对海难救助做出反应并尽速前往救助的法定义务而受到影响。③公共当局在船舶碰撞后所应承担的互救义务，并不会从根本上影响公共当局的海难救助报酬请求权。

而就公共当局法定职责对其海难救助报酬请求权的影响，本书认为：公共当局能否就其职责范围内的救助行为主张海难救助报酬，主要取决于此时公共当局的海难救助行为是否符合海难救助报酬的"自愿"要件。公共当局职责范围内的海难救助行为，本质上是公共当局履行其法定职责的一种具体表现。公共当局履行法定职责的行为，是一种法律为公共当局所规定的强制性义务，并不以公共当局的意愿为转移。如果公共当局不履行其承担的法定职责，则构成行政不作为。就公共当局法定职责内的海难救助行为而言，在发生海难救助事故后，其对遇险船舶或财产的救助是其履行法定职责的具体方式。即使被救助方没有向具有法定救助职责的公共当局做出请求、双方没有达成救助协议，公共当局也有义务开展救助行为。因此，公共当局法定职责的存在，直接影响公共当局的海难救助报酬请求权。就公共当局法定职责内的海难救助行为，因不满足海难救助的自愿性要件，不能主张海难救助报酬。

第4章

公共当局海难救助报酬请求权制度的比较

公共当局介入海难救助的行为已经成为当今海难救助领域的一种现实并将继续发展。公共当局对海难救助的干预权已经得到相关国际公约及多数国家的承认，与此同时，各国也都面临"公共当局海难救助报酬请求权"的问题。因此，有必要从比较法的角度，考察相关国际公约及有关国家对公共当局海难救助报酬请求权的规定与司法实践，以期对这一问题的研究更加深入、明确。

4.1 国际法的相关规定

4.1.1 相关国际公约的规定

（一）《联合国海洋法公约》的规定

1982 年《联合国海洋法公约》为合理管理海洋资源及为后代子孙保护海洋资源提供了一个通用的法律框架。该公约自 1994 年 11 月 16 日生效以来，几乎得到了普遍接受。

《联合国海洋法公约》从保护整个海洋环境及防止一国海洋污染事件危及他国的角度出发，从广义上授予了国家对其管辖或控制范围内的事件或活动采取措施的权利。从另一个角度，这也是一国在国际法上的义务。[1]虽然公约并没有明确这种措施的具体含义，但我们不难推断，这种措施应包含国家对海难救助作业的干预，特别是在海难事故发生后，且严重威胁海洋环境的情况下。然而，《联合国海洋法公约》作为纯公法性公约，并没有涉及公共当局在这种干预过程中的费用补偿问题，更没有涉及相关的海难救助报酬请求权问题。

（二）《1969 年国际干预公海油污事故公约》及其《1973 年干预公海非油类物质污染议定书》

《1969 年国际干预公海油污事故公约》明确授予国家对公

---

〔1〕《联合国海洋法公约》第 194 条　防止、减少和控制海洋环境污染的措施

1. 各国应在适当情形下个别或联合地采取一切符合本公约的必要措施，防止、减少和控制任何来源的海洋环境污染，为此目的，按照其能力使用其所掌握的最切实可行的方法，并应在这方面尽力协调它们的政策。

2. 各国应采取一切必要措施，确保在其管辖或控制下的活动的进行不致使其他国家及其环境遭受污染的损害，并确保在其管辖或控制范围内的事件或活动所造成的污染不致扩大到其按照本公约行使主权权利的区域之外。

3. 依据本部分采取的措施，应针对海洋环境的一切污染来源。这些措施，除其他外，应包括旨在最大可能范围内尽量减少下列污染的措施：

（a）从陆上来源、从大气层或通过大气层或由于倾倒而放出的有毒、有害或有碍健康的物质，特别是持久不变的物质；

（b）来自船只的污染，特别是为了防止意外事件和处理紧急情况，保证海上操作安全，防止故意和无意的排放，以及规定船只的设计、建造、装备、操作和人员配备的措施；

（c）来自用于勘探或开发海床和底土的自然资源的设施和装置的污染，特别是为了防止意外事件和处理紧急情况，保证海上操作安全，以及规定这些设施或装置的设计、建造、装备、操作和人员配备的措施；

（d）来自在海洋环境内操作的其他设施和装置的污染，特别是为了防止意外事件和处理紧急情况，保证海上操作安全，以及规定这些设施或装置的设计、建造、装备、操作和人员配备的措施。

4. 各国采取措施防止、减少或控制海洋环境的污染时，不应对其他国家依照本公约行使其权利并履行其义务所进行的活动有不当的干扰。

5. 按照本部分采取的措施，应包括为保护和保全稀有或脆弱的生态系统，以及衰竭、受威胁或有灭绝危险的物种和其他形式的海洋生物的生存环境，而有必要的措施。

海上发生的存在海洋油污或油污威胁的海难事故进行干预的权利。其第 1 条指出："本公约各缔约国，在发生海上事故或与此事故有关的行为之后，如有理由预计到会造成较大有害后果，那就可在公海上采取必要的措施，以防止、减轻或消除由于油类对海洋的污染或污染威胁而对其海岸或有关利益产生的严重而紧迫的危险。"明确了国家在公海上对海难事故的干预，这种干预既可以是直接禁止遇难船舶进入本国水域避难，[1]也可以是在海难事故发生后，对遇难船舶海难救助活动进行干预，[2]以防止船舶沉没、货油或燃油泄漏对本国岸线造成重大海洋环境污染。这种干预措施应遵循适度原则和必要性原则，所采取的措施应与实际造成的损害或将发生的损害相适应，不应超出公约第 1 条所述目的而必须采取的措施，且在达到目的后应立即停止行动。[3]

《1973 年干预公海非油类物质污染议定书》作为对《1969 年国际干预公海油污事故公约》的补充，主要规范的是国家对公海上非油类物质污染的干预。其第 1 条即明确授权缔约国对海难事故的干预权，指出："本议定书的缔约国，在发生海上事故或与这种事故有关的行为后，如有理由预计到将造成重大的有害后果，则可在公海上采取必要的措施，以防止、减轻或消除非油类物质造成污染或污染威胁，对其海岸线或有关利益产

---

　　[1]　如 Erika 海难事故：1999 年 12 月 11 日，装载了约 31 000 吨燃油的马耳他籍油轮"埃里卡"（the Erika）号，在法国西海岸的 Biscay 湾遭遇恶劣天气，船体出现损害并逐渐向右横倾。至晚间，风力加剧，船舶情况进一步恶化。次日清晨，船长联系岸上后决定驶往法国 Donges 港进行避难，遭到法国拒绝。

　　[2]　Christopher F. Murray，"Any Port in A Storm? The Right of Entry for Reasons of Force Majeure or Distress in the Wake of the Erika and the Castor"，*Ohio State Law Journal.* 63 （2002），1465.

　　[3]　《1969 年国际干预公海油污事故公约》第 5 条。

生严重而又紧迫的危险。"

与《联合国海洋法公约》不同，《1969 年国际干预公海油污事故公约》在其第 7 条专门强调了公约不妨碍任何其他适用的权利、责任、特权或豁免，也不剥夺适用相关自然人或法人的补偿办法。[1] 1973 年议定书第 2 条规定："《1969 年干预公海油污事件公约》第 1 条第 2 款和第 2 条至第 8 条以及其附录的规定，应如同其适用于油类一样，适用于本议定书第 1 条中所述的物质。" 承续了《1969 年干预公海油污事故公约》所明确的其对海难事故的干预措施不影响相关私法上的补偿办法的规定。

4.1.2 《1989 年国际救助公约》的规定

（一）《1989 年国际救助公约》第 5 条与第 9 条之间的关系

《1989 年国际救助公约》是当前国际社会中关于救助作业的统一的国际法规则，其本质上是一部主要调整海难救助作业当事人之间私法权利和义务的国际公约。因此，该公约没有必要专门去规范有关国家或公共当局的权利和利益。但《1989 年国际救助公约》第 5 条对公共当局控制的救助作业进行了规定。同时在第 9 条赋予沿海国强制介入海难事故的权利："本公约的任何规定，均不得影响有关沿海国的下述权利：根据公认的国际法准则，在发生可以合理地预期足以造成重大损害后果的海上事故或与此项事故有关的行动时，采取措施保护其岸线或有关利益方免受污染或污染威胁的权利，包括沿海国就救助作业做出指示的权利。"

---

[1] 《1969 年国际干预公海油污事故公约》第 7 条：除另有特殊规定外，本公约的任何条款不得妨碍任何其他适用的权利、责任、特权或豁免，也不剥夺任何一方或任何有利害关系的自然人或法人采用任何其他适用的补偿办法。

作为一部私法性公约，为何会出现这样的规定？公约第 5 条与第 9 条之间又存在怎样的关系？

在"Amoco Cadiz"污染事故发生后，国际海事组织开始考虑新的救助公约（即后来的《1989 年国际救助公约》）的制定，并将该工作交由国际海事委员会具体负责。[1]国际海事委员会在阐述制定公约第 5 条的本意时指出："公约草案并没有直接规定公共当局控制的海难救助问题，也没有规定这种情况下救助人从有关公共当局获取报酬的权利。然而，救助人在公共当局的控制下开展救助作业的事实，不应阻止救助人向其提供救助的私人利益主张公约所规定的赔偿。"[2]也就是说，公约有关公共当局海难救助的规定，本意不在于规范公共当局本身的海难救助行为，而是从私法角度关注公共当局运用公权力干预海难救助私法关系对救助中救助人权利的影响，仅仅表明公共当局对海难救助的控制不应影响相关救助人依照公约享有权利和补偿。对于公共当局运用公权力对海难救助进行的干预和控制，公约仅将其作为一种事实看待，并没有考虑其所引起的公共当局与被救助人之间法律关系性质的变化，也没有考虑公共当局干预海难救助中各种行为的性质。即，《1989 年国际救助公约》没有全面考量公共当局的海难救助行为，而仅仅从私法角度规范了公共当局干预下的救助人权利及补偿问题。

---

[1] 国际海事组织将 Amoco Cadiz 事件所引发的救助法律问题分别在公法和私法中进行了讨论。这一问题的公法方面主要包括沿海国控制下的海难救助以及其中涉及的救助报酬问题，私法方面则主要包括救助的激励和奖励机制、《1910 年统一海难援助和救助某些法律规定公约》以及私法救助合同的形式问题。其中，国家海事委员会的主要工作是对海难救助的私法规则进行考察，并起草制定新的救助公约（《1989 年国际救助公约》）。

[2] CMI, *The Travaux préparatoires of the Convention on Salvage* 1989, Antwerp: CMI Headquarter, 2003, p. 29.

如上文所述，为保护海洋环境等国家利益，国家对海洋环境污染威胁事故进行干预的权利已经得到国际社会的广泛承认，并以国际公约的形式加以表现。海难事故的发生是产生海洋污染威胁的一个重要原因，因此，国家对海难事故的干预必然与海难救助存在一定的重叠。正如 Francis D. Rose 教授所言，公约第 9 条保留了沿海国采取措施防御污染的权利，这是作为保证这些措施被认可的政治手段纳入公约之中的。第 9 条具有一些不同于澄清性质的功能，来保留一国在采取措施防御污染的同时，享有对海难救助作业进行指示的权利。[1] 然而，公约第 9 条仅仅保留了一国源自其他而非《1989 年国际救助公约》下的权利，第 9 条并不创设新的权利和责任。[2]

那么公约第 9 条与第 5 条之间的关系是什么？Francis D. Rose 教授认为，第 5 条第 1 款似乎被设计为保存公约之外的以及与海难救助有关的公共当局从事或控制的救助作业有关的法律规定。在这方面，该款与第 9 条的规定有重叠之处，第 9 条保留了公共当局根据公认的国际法规则采取措施防止污染或者污染威胁的权利。第 5 条第 1 款与第 9 条之间的关系，以及第 9 条在何种程度上增加了第 5.1 条之外的新内容，并不明确。[3]

本书认为，第 9 条所保留的沿海国对海难救助的干预权，直接导致了公共当局从事和控制海难救助行为的现实存在。而公共当局的海难救助中，必然涉及公共当局、应召救助人及其

---

〔1〕 司玉琢：《国际海事立法趋势及对策研究》，法律出版社 2002 年版，第 404 页。

〔2〕 *Places of Refuge*：*Report of the CMI to the IMO*，CMI Yearbook，2002，pp. 117～146.

〔3〕 司玉琢：《国际海事立法趋势及对策研究》，法律出版社 2002 年版，第 404 页。

他救助者的救助费用补偿问题。第 5 条主要规范的是公共当局海难救助中各救助力量的救助报酬问题。两者之间并不存在矛盾，只是规范的角度不同。第 9 条所规定的沿海国的海难救助干预权，是导致第 5 条公共当局海难救助中救助报酬请求权问题存在的一个重要原因。也就是说，第 5 条所调整的公共当局控制的救助作业，包含了第 9 条国家干预下公共当局所主导的救助作业。

（二）《1989 年国际救助公约》第 5 条对公共当局海难救助报酬请求权的规定

对于公约第 5 条，我国国内常将其翻译如下，

"公共当局控制的救助作业：

1. 本公约不影响国内法或国际公约有关由公共当局从事或控制的救助作业的任何规定。

2. 然而，从事此种救助作业的救助人，有权享有本公约所规定的有关救助作业的权利和补偿。

3. 负责进行救助作业的公共当局所能享有的本公约规定的权利和补偿的范围，应根据该当局所在国的法律确定。"

这一翻译不够准确，其英文原文如下：

Article 5 Salvage operations controlled by public authorities

1. This Convention shall not affect any provisions of national law or any international convention relating to salvage operations by or under the control of public authorities.

2. Nevertheless, salvors carrying out such salvage operations shall be entitled to avail themselves of the rights and remedies provided for in this Convention in respect of salvage operations.

3. The extent to which a public authority under a duty to perform salvage operations may avail itself of the rights and remedies provided

for in this Convention shall be determined by the law of the State where such authority is situated.

　　仔细研读其英文原文，可知，第 5 条第 1 款中，本公约不影响国内法或国际公约有关由公共当局从事或控制的救助作业的任何规定。首先明确了任何其他国内法或国际条约关于公共当局控制的救助作业的规定与《1989 年国际救助公约》第 5 条规定的关系，并从实质上明确了前者的效力高于后者。而第 2 款的规定中使用了 "salvor" 及 "carry out" 两个词，第三款中又进一步使用了 "a public authority under a duty" 一词。由此我们可以推论出，第 2 款主要规定的是公共当局从事或控制的救助作业中私人救助者的权利以及不具有相应职责下的公共当局救助人的权利。而对于本身具有救助职责的公共当局是否可以请求救助报酬，第 3 款授权国内法作出相关的规定，并且根据第 3 款的措辞 "perform"，我们可以进一步推论出，在公共当局控制的救助作业中，公共当局没有权利就其控制救助作业的行为享有公约规定的权利和救济。

　　由此可知，《1989 年国际救助公约》第 5 条的规定实质上承续了《1910 年布鲁塞尔救助公约》的规定，[1] 承认公共当局组织、介入甚至直接负责海难救助的现实情形的存在，其规定的本意在于防止公共当局对海难救助的介入被用来作为剥夺私人救助者及不具有法定职责的公共当局获取救助权利。而对具有法定救助职责的公共当局是否符合获取海难救助报酬的自愿性要件，成为海难救助方并获取救助报酬，公约则留给了国内法加以规定。

───────────

　　〔1〕《1910 年布鲁塞尔救助公约》第 13 条认可公共当局不时的参与到海难救助中，并规定如下：本公约不影响国内法或国际条约中有关由公共当局提供或控制的援助或救助服务的组织，尤其不影响有关渔具救助的此种法律或条约。

4.1.3 小　结

相关国际公法性公约在明确国家对海难救助干预权的同时，对其中涉及的公共当局在私法上的海难救助报酬请求权，确立了留给相关私法解决的基本原则。《1989 年国际救助公约》作为一部主要调整海难救助当事人之间私法关系的国际公约，在公共当局的救助报酬请求权问题上确定了以下规则：

第一，将公共当局在海难救助中的行为划分为从事行为与控制行为两大类。

第二，以是否具有相应职责为划分依据，又将公共当局从事的海难救助行为区分为职责范围内的海难救助与职责范围外的海难救助。公共当局对其从事的职责范围外的海难救助行为，有权根据《1989 年国际救助公约》的规定主张救助报酬。对其从事的职责范围内的海难救助作业，公共当局是否有权主张救助报酬，应根据其所适用的国内法的规定加以确定。

第三，对公共当局控制的救助作业，其无权就其控制行为主张救助报酬。本质上仍是将公共当局控制救助作业的行为视为公共当局职责范围内的行为。

尽管《1989 年国际救助公约》对公共当局海难救助报酬请求权规定了上述指导性原则，但公约也明确规定，如果相关国内法对公共当局海难救助报酬请求权的规定与公约的规定不一致时，应遵循国内法所确立的相关规则。

4.2 英国的相关立法与司法实践

4.2.1 英国成文法的规定

英国 1995 年《商船航运法》第九部分关于"救助与残骸"

的规定，首先明确了《1989 年国际救助公约》在英国境内具有
法律强制力。也就是说，英国遵循《1989 年国际救助公约》关
于公共当局海难救助的总体规定。除此以外，该法与公共当局
海难救助相关的规定如下：

（一）关于公共当局海难救助报酬请求权的一般规定

1995 年《商船航运法》第 230 条是对"王室的救助报酬请
求权"的规定，其中第 2 款规定如下：如果救助服务是由女王
陛下或代表提供的，无论是否是以英国政府之名义，女王陛下
都有权就此救助服务提出与任何其他救助人相同程度的救助报
酬权利请求，并应对此种救助享有与任何其他救助人相同之权
利与救济。从总体上承认了公共当局的海难救助报酬请求权。

此外，该法第 250 条规定了对海岸警卫队服务的补偿："如
果海岸警卫队的人员或官员提供了看管或保护遭受船难财产的
服务，财产所有人应当根据国务大臣制定的标准为该服务支付
报酬。上述支付报酬的义务并不产生，如果：①在提供此类服
务时被财产所有人或其代理人拒绝；或者②已经对该服务提出
索赔并获得了报酬。赋予海岸警卫队就其提供的海难救助相关
服务收取费用的权利，这种费用不同于海难救助报酬，实质上
是对海岸警卫队没有提出索赔并获取报酬的情况下的一种费用
补偿。

（二）关于公共当局强制救助的相关规定

根据 1995 年《商船航运法》第 137 条的规定，在船舶发生
海难事故后，如果国务大臣认为船舶油污将会或可能导致英国
或英国水域大规模的污染，且情况紧急时，为防止或减少海洋
环境污染，国务大臣有权采取相应强制措施。具体而言，国务
大臣可以向船舶所有人或其他拥有船舶的人、船长或占有船舶
的救助人或雇用人、代理人或控制救助作业的人发出指令，要

求其应作为或不作为某种行为，包括：①船舶需移动或不能移动，或将被移动至特定的地点，或从特定的地区或地点移开；②船舶不能移动至特定的地区或地点或经过一条特定的路线；③任何油类或其他货物可以或不可以卸下或排放；或者④特殊的救助措施应或不应采取。如果上述措施仍不能达到阻止或减少油污或其威胁的目的，国务大臣还可对船舶及其货物采取任何可能的措施，包括采取使该船沉没或炸毁的措施，或采取任何措施控制该船。

违反上述指令或未能遵从指令要求的人，构成犯罪，并将被处以罚款。对于那些根据第 137 条的规定，听从国务大臣的命令采取相应措施而遭受的超出必要限度的损失，当事人有权从国务大臣处得到补偿。

英国1995 年《商船航运法》第 137 条的规定赋予了公共当局为保护海洋环境而对海难救助进行干预的权利。而这种公权力对私法关系的干预，并不会直接改变原救助方与被救助方之间的海难救助法律关系。在这种海难救助中，如果公共当局本身是救助者，其能否就其救助服务主张救助报酬？英国的法律并没有直接规定，依据现有法律推论，公共当局能否主张救助报酬应依据作为救助者的公共当局与被救助人之间是否形成了海难救助法律关系。

4.2.2 英国的司法实践

虽然英国的成文法从总体上肯定了公共当局的海难救助报酬请求权，但这只是明确了公共当局的特殊主体身份不影响其主张私法上的海难救助报酬。具体海难救助中，[1]公共当局能

---

〔1〕 英国相关案例如下：
Beaverford（Owners）v. Kafiristan（Owners），（1937）58 Ll. L. Rep. 317；

否就其海难救助服务主张海难救助报酬，还要视公共当局能否成为救助方，是否满足海难救助报酬请求权的法定要件。

（一）Citos 案[1]

在 Citos 案中，Citos 轮被其船员弃船后无动力的漂浮于彭特兰湾（Pentland Firth）。作为这一区域的灯塔当局，北方灯塔司指挥其 Pole Star 轮将 Citos 从航道上移走并使其处于安全状态。这一行动的主要法律依据为 1894 年《商船航运法》第 531 节的规定，该规定授权此类当局移除妨碍航道安全或带来安全威胁的船舶。Pole Star 找到 Citos，并将其拖至安全地带。随后 Pole Star 船长和船员就其提供的服务向 Citos 主张海难救助报酬。

原告主张，其将被遗弃的船舶移走以避免危险是对其他船舶所有人的一种义务，而非对 Citos 的义务。法官认为这种观点并不能成立，尽管原告将 Citos 移走有利于其他航行于此的船舶避免危险，但这并不能排除其移除行为是一种履行法定职责的行为。最后，本案法官认为，Pole Star 所采取的大部分行动是其作为灯塔当局的工作人员职责范围内的工作，对此，其无权主张救助报酬。但对超出其职责之外的那部分工作，其可以主张救助报酬。

（接上页）Boston, Mayor and Corporation of v. France, Fenwick & Co. Ltd., （1923）15 Ll. L. Rep. 85；

Citos, （Sess. Ct. ）（1925）22 Ll. L. Rep. 275；

Corcrest, （1946）80 Ll. L. Rep. 78；

Dover Harbour Board and Others （Lady Brassey） v. Ruby and Cargo, （1923）14 Ll. L. Rep. 98；

Greenock Trustees v. Bristol Oil & Cake Mills, （1944）S. C. 70；

Mars and Other Barges, （1948）81 Ll. L. Rep. 452.

"Bostonian" （Owners, Master and Crew） and Patterson v. The "Gregers?" （Owners）[1971] Vol. 1 Lloyd's Rep. 220.

[1] Lloyd's Law Report, 22 （1925）, p. 275.

（二）The "Mars" and other barges 案 [1]

1946 年 5 月 16 日夜间，原告（三名伦敦港口当局的公务人员）驾驶巡逻艇 Boy Mark 在泰晤士河巡逻期间，发现 11 艘漂浮在河面上的失去动力的驳船。其中 4 艘驳船载有英国政府的货物，7 艘驳船空载。原告经过努力，救起 11 艘驳船并使其处于安全位置。随后，原告就其救助服务提起海难救助报酬主张。

被告拒绝原告的海难救助报酬主张，认为原告所提供的服务是其作为伦敦港口当局雇员的日常职责范围内的工作，对这种相关服务，被告已经向伦敦港口当局支付了一定数量的金钱。

根据 1920 年《伦敦港口法》第 431（2）条的规定，港口当局有权移除任何妨碍伦敦港口或阻碍泰晤士河航行的船舶或漂浮物，并有权就其移除行为获得费用补偿。本案法官认为，1920 年《伦敦港口法》第 431（2）条的规定施加给伦敦港口当局的法定职责，不能自动排除伦敦港口当局可能的海难救助报酬请求权。本案中，原告的职责在于操控巡逻艇 Boy Mark，而且 Boy Mark 并不是作为拖带工具而使用的船舶。原告登上漂流的驳船，检查并修复绳索，并将其拖带至安全地方，这些已经完全超出了其作为伦敦港口当局公务人员的日常工作范围。应被授予救助报酬。

（三）"Bostonia" and Patterson v. The "Gregers™" [2]

1967 年 10 月 6 日晚上，Kungso 轮在前往港口过程中搁浅，搁浅位置正好完全堵塞了进出港口的通道。波士顿公司是当时的港口当局。Kungso 向波士顿码头请求救援，随后港口拖船 Bostonia 快速赶到现场。经过努力，Kungso 于第二天获得脱浅。对上述救助服务，作为拖船所有人的波士顿公司、码头及其他

---

[1]　Lloyd's Law Report，81（1947/48），pp. 452~458.

[2]　*Lloyd's Law Report*，1（1971），pp. 220~229.

实际参与救助人员对 Kungso 提出了海难救助报酬主张。

根据 1894 年《商船航运法》第 530 条，波士顿公司被授权移除任何妨碍航行的搁浅船舶，并有权就此获得补偿。根据 1935 年《波士顿公司法案》，波士顿公司被授权移除任何在 Witham 河或波士顿码头搁浅的船舶，并有权从船舶所有人处就产生的费用获取补偿。就原告的主张，本案法官认为，如果拖船不是港口当局所有，救助人不是公共当局的雇佣人员，则这一案件中救助报酬是存在的，而且应该被授予。本案的关键在于原告所提供的救助服务是否属于其法定职责，是否符合海难救助报酬所要求的自愿性原则。

本案法官认为，Kungso 的搁浅事故引发了两种紧急需求，一是 Kungso 期望能够脱浅并继续前行；二是从港口的利益角度来讲，其希望 Kungso 自发的清除航道障碍。在 Kungso 阻碍了进出港口航道的情况下，波士顿公司作为港口当局在紧急情况下依法采取措施清除障碍是其履行法定职责的表现。这一职责是对所有港口使用者包括 Kungso 的职责。这一职责的具体实现只能通过其代理机构、雇员、码头及港口管理者、拖轮的船长及船员。这些受雇者所做的工作属于其受雇佣的日常工作范围之内。公共当局提供保证航道安全的服务，其目的并不是为了获取救助报酬，而是履行法定职责。在这种情况下，脱浅 Kungso 的行为并不是自愿的，波士顿公司及其雇员都不能就此被授予救助报酬。

在这一案件，还有一个值得注意的问题是：本案中，原告主张其与被告之间存在劳氏救助合同。先不讨论本案双方当事人之间是否达成并存在劳氏救助合同。通常来讲，因港口障碍，港口应请求提供服务并依法移除船舶的情况下，是否有权就此与被救助船舶签订劳氏救助合同？对此，本案法官认为，港口不具有这种权力，主要理由有三：①法律授权港口清除障碍并就此获得费用补偿，这实际上排除了救助报酬主张。②"无效果，无报酬"的合同并不适合公共当局在执行其法定职责时签订。③因为公共当局的性质，签订这种合同将在公共当局根据私法合同尽力救助船舶与其在公法职责上尽力对所有港口使用者保证航道安全之间产生一种冲突境地。

4.2.3 小　结

通过对英国的立法及相关司法实践的考察，我们可以做以下分析：

第一，英国的相关立法对公共当局的海难救助报酬请求权仅做了原则性规定，其主要意义在于明确了公共当局的特殊主体身份，并不从根本上影响其海难救助报酬请求权。同时，英国立法授权相关公共当局在情况紧急时，为防止或减少海洋环境污染而采取强制措施的权利，这种强制措施显然包含海难救助。而对此时公共当局是否有权就其海难救助行为主张救助报酬，英国立法没有做出明确规定。

第二，通过对英国相关司法实践的考察，我们可以得出，在涉及公共当局海难救助报酬请求权的相关案例中，实际上真正由公共当局本身（相关案例中主要涉及的是港口当局）提起的海难救助报酬请求是极罕见的。大多数海难救助报酬主张是由公共当局的代理机构、雇佣人员等提起。这虽然并不表明公共当局没有救助报酬请求权，但至少可以说明公共当局在主张海难救助报酬上并没有一种积极的态度。实际上，大多数情况下，公共当局如港口当局等，都已经通过对进出港口的船舶征收费用或就其相关服务收取行政费用实现其相应支出的成本补偿。

而对公共当局或者其代理机构或者其雇员是否有权主张海难救助报酬，英国司法实践中已经达成了较为一致的观点，即：对职责范围内的救助服务不可主张救助报酬，而对职责范围外的救助服务可主张救助报酬。尽管这是一条判断公共当局是否具有海难救助报酬请求权的比较明确的规则，实践中对这一规则也基本上不存在争议，但是，法官在适用这一规则具体解释公共当局的行为时，做法并不一致。比如，在 The "Mars" and other barges 案中，法官将伦敦港口当局的三名公务人员的救助行为解释为职责范围之外的工作，并认可其救助报酬主张。而在" Bostonia" and Patterson v. The "Gregers™" 案中，法官则将波士顿港口当局公务人员的类似救助行为解释为职责范围内的工作，并否定其救助报酬主张。实际上，如何区别职责范围内外的服务并没有一个明确的界限，实践中主要依靠法官的解释来判断。

4.3 美国的相关立法及司法实践

4.3.1 美国的相关立法及其规定

（一）美国相关立法对公共当局海难救助干预权的规定

根据《美国法典诠释》第 33 卷第 28 章（美国在公海上对油污事故的干预权）的规定，在公海上发生的严重污染海洋事故，如果对美国海岸或美国相关利益构成重大的或紧急的危险，美国有权采取措施对这一事故进行干预。根据《联邦水污染控制法》的规定，政府有权采取措施以消除或减少可航水域内的漏油危险。根据《美国法典诠释》第 33 卷第 25 章（港口和航道安全程序）的规定，为保护海洋环境安全及美国港口和航道安全，相关机关有权采取相应措施，调用其公共船舶（海岸警卫队)、私人无偿提供的船舶及本法案下其他有权执行机关的公共船舶。在美国可航水域内发生的威胁海洋环境、港口及航道安全的事件，有关公共当局有权也有义务采取措施消除或减轻不利影响。对公海上发生的严重污染海洋事故，如果对美国海岸或美国相关利益构成重大或紧急危险，美国有权采取措施对这一事故进行干预。

如同其他国家一样，美国相关法律明确了公共当局对海难事故的干预权，这种干预显然包含了对海难救助的干预。因此，美国同样面临公共当局的海难救助报酬请求权问题。

（二）相关公共当局的海难救助报酬请求权规定

在美国，海岸警卫队是负责海难救助的专门部门。海岸警卫队作为美国政府的一个分支机构，在战争时期听从美国海军的指挥，在和平时期则听从美国交通部的指挥。海岸警卫队被赋予在可航水域内援助人命及遇难财产的义务。根据《美国法典诠释》第 14 卷第 88 条的规定，其目前的服务范围是：对在公海上和美国具有管辖权的任何水域的遇难人员、船舶和飞行器以及因水灾而受到危险的人员和财产提供援助。鉴于海岸警卫队与私人救助者之间的竞争，海岸警卫队于 1983 年出台了指导方案，将其自身在海难救助中的地位进行了分类。[1]这一指导方案将遇难财产和人命分为两种情形：危急和非危急。危急状态下的海难救助属于海岸警卫队的管辖范围，非危急状态下的海难救助主要是指那些对人命没有威胁或者潜在威胁的案例。这一分类的主要目的是让海岸警卫队将更多的精力放在紧急状

---

〔1〕　Coast Guard Clarifies Policy for Non‑Emergency Cases, U. S. C. G. 08‑83 for Release. 1983‑07‑22.

况下的海难救助中。[1]除作为专业救助力量的海岸警卫队外，其他有关公共当局也常出现在海难救助活动中，如港口当局、港口消防队、海军及空军等。

而对上述公共当局是否有权就其海难救助服务主张救助报酬，美国相关立法的规定不尽统一。有关海军及空军的相关法律规定都明确其具有海难救助报酬请求权。根据《美国法典诠释》的规定，"海军部长或其任命的人，可以考虑、确认、调整、决定、和解或设置和接受任何由海军提供的救助服务所产生的救助报酬主张。"[2]"空军部长可以设置或和解、接受由空军提供的救助服务所产生的救助报酬。[3]而同样作为公共当局，对海岸警卫队是否具有海难救助报酬请求权，美国法律则没有做出明确规定。

《美国法典诠释》第14卷第88条关于海岸警卫队救助海上财产与人命的职责规定如下：The Coast Guard may render aid to persons and protect and save property at any time and at any place at which Coast Guard facilities and personnel are available and can be effectively utilized. 这一表述使用了"may"而非"will"或"shall"一词。这似乎意味着海岸警卫队的这些活动是自由的，

---

〔1〕 Anon, "Historical Evolution of the Office of Chief Counsel – United States Coast Guard", *The Judge Advocate Journal*. 48 （1976）.

〔2〕 10 U. S. C. § 7365 (1976) . The Navy's statute reads: The Secretary of the Navy, or his designee, may consider, ascertain, adjust, determine, compromise, or settle and receive payment of any claim by the United States for salvage services rendered by the Department of the Navy……"

〔3〕 10 U. S. C. § 9804 （a）(1977) . Air Force conduct in this area is governed by the following provision: "The Secretary of the Air Force may settle, or compromise, and receive payment of a claim by the United States for salvage services performed by the department of the Air Force. Amounts received under this section shall be covered into the Treasury. "

作为获取海难救助报酬必备要求的"自愿"是存在的，因此应被授予海难救助报酬。但事实上，美国的司法实践并不这样认为。

4.3.2 美国的司法实践

在美国，政府拥有专为政府服务、执行公务的船舶，被称为政府公务船舶。[1]公务是指为政府目的提供服务，如为战争运送物品等。[2]政府公务船舶由政府财政建立，本意在于提供公共服务。

二战前，政府因其公务船舶从事救助作业而主张救助报酬的例子是极少的。公务船舶提供救助的价值被记载的例子，出现在公务船和私人船舶共同参与的救助中，其价值仅仅用来确定减少私人救助者的救助报酬。[3]尽管政府并不总是对其公务船舶的海难救助服务主张救助报酬，法院并不因为其公务性质而否认政府的海难救助报酬请求权。[4]

1922 年的 Impoco 案，是明确政府船舶救助报酬请求权的案例。在 Impoco 案中，Impoco 轮在由英国至美国纽约的航线上发生故障，随后发出求救信号。美国的 Western Hope 轮前来救助，Impoco 接受了该轮的救助。Western Hope 轮是美国用于运输军事物资的蒸汽船。事后，美国提起海难救助报酬主张。Impoco 轮所有人在承认 Western Hope 轮船员享有救助报酬的同时，认

---

〔1〕 A vessel owned by the government and used exclusively as directed by the government for public purposes is a public vessel. In re U. S. N. S. Mission San Francisco, 367 F. 2d 505 (3d Cir.), cert. denied, 386 U. S. 932 (1966) .

〔2〕 The Public Vessels Act, 46 U. S. C. § 781 (1982) .

〔3〕 United States v. Central Wharf Towboat Co. , 3 F. 2d 250 (1st Cir. 1924) .

〔4〕 James S. Cohen, "Governmental Claims For Salvage", *Transportation Law Journal.* 11 (1979 ~ 1980) , 323.

为美国政府无权主张救助报酬。美国为此主张 Western Hope 轮为政府拥有的商业船舶，因此应具有救助报酬请求权。尽管法庭最终驳回了 Western Hope 轮作为商业船舶的主张，但是法庭认为政府有权主张救助报酬。美国政府长期以来的实践是不去主张救助报酬，但这并不意味着其没有这种权利。本案法官 Ward 认为：根据古老的海商法原则，美国政府作为船舶所有人主张救助报酬是一种固有的权利。[1]

尽管美国的司法实践承认政府公务船舶的海难救助报酬请求权，但并不是所有拥有政府公务船舶的公共当局都具有这种权利。

4.3.2.1 海军的海难救助报酬请求权

对于海军的海难救助报酬请求权，美国法院一般予以认可。第一例被记载的海军获取救助报酬的案例发生于 1841 年。在 U-nited States v. The Amistad 一案[2]中，运奴船 The Amistad 被船上关押的非洲人武力控制，以避免他们被卖为奴隶，该船在海上漂流中被一艘美国军舰拦截救助，事后，该军舰就其救助行为主张救助报酬，最终获取了船舶获救价值的三分之一作为救助报酬。

在随后涉及海军的海难救助报酬案件中，尽管对海军的具体海难救助报酬的计算方法及授予数额存在一定差异，但美国法院总体上认同海军具有海难救助报酬请求权。在 Tampa Tugs and Towing, Inc. V. M/V Sandanger 案[3]中，Tampa Tugs 是两艘私人拖船，在将 Sandanger 轮拖往加利福尼亚州时发生火灾。在火势蔓延至 Sandanger 轮时，部分救助者向海军请求救援。海军

---

[1] The Impoco, 287 F. *at* 402. (S. D. N. Y. 1922).

[2] 40 U. S. (15 Pet.) 518 (1841).

[3] 242 F. Supp. 576 (S. D. Cal. 1965).

在接到求救后，同意在其成本能够得到补偿的保证下加入火灾扑灭行动。随后，两艘海军船舶及大量海军人员投入灭火工作，三天后大火被扑灭。Sandanger 轮上装有贵金属货物，获救价值极大。海难救助结束后，海军就其服务提起海难救助报酬主张。最后，法院以"按劳计酬"的方式赋予了海军海难救助报酬。尽管法院在具体计算海军的海难救助报酬数额时采取了"按劳计酬"的原则，但从该案中我们可以明显的看到：一方面海军并没有局限于其成本支出主张救助报酬，另一方面法院对海军享有海难救助报酬请求权这一事实没有任何质疑。

美国司法实践中认同海军的海难救助报酬请求权，其主要理由为：美国海军的主要职责是保护国家免受外敌入侵，援救海上人命和财产并不属于其通常的或被期待的义务范围，因此，其援救行为应获得救助报酬。[1]

4.3.2.2 海岸警卫队的海难救助报酬请求权

在美国，海岸警卫队作为负责海难救助的专门机构，对施救过程中获救的财产，其传统的方针一向是不主张救助报酬。涉及到海岸警卫队的几个决定，The Lyman M. Law，[2] The Kanawha，[3] The Annie Lord，[4] 基本上都表达了以下意思：海岸警卫队所用的救助工具属于政府所有，其从事的服务因不具有法律关系上的自愿性，而不能享有救助报酬。但是海岸警卫队在救助中的努力也会被评估，以便确定其他共同救助者所应获

---

〔1〕 Martin J. Norris, *Benedict on Admiralty*, New York: Matthew Bender, 1997 7th ed., pp. 24~28.

〔2〕 122 F. 816 (D. Me. 1903).

〔3〕 252 F. 762 (2d Cir. 1918).

〔4〕 251 F. 157 (D. Mass. 1917).

得的报酬。[1]尽管海岸警卫队极少就其海难救助服务提起救助报酬主张，但并不意味着这种主张完全不存在。

（一） American Oil Co.（United States American Oil Co. v. The Amoco Virginia）案[2]

在 American Oil Co. 案的上诉中，海岸警卫队背离了其传统的方针提出了救助报酬的请求。该案中，Amoco Virginia 轮系泊于休斯顿运河的某一码头，在装载汽油并加热燃油时发生了火灾，处于爆炸危险之中。海岸警卫队负责此次灭火工作并得到了城市消防部门的协助。次日，火势尚未得到控制，而当地用来灭火的化学泡沫灭火剂已告罄。海岸警卫队随即指示海军和空军组织一支空运队伍，并将 50 多万磅的泡沫灭火剂运往休斯顿，从而使这场大火得以在该日晚间扑灭。随后，海岸警卫队提出 89676.66 美元作为救助费用，这个数字是指泡沫灭火剂的价值和海军、空军的运输费用。第五巡回法院撤销了地区法院的原判决，判给海岸警卫队主张的全部金额。

该案中，海岸警卫队提出了救助报酬主张，上诉法院也超越常规创造了只要海岸警卫队作出选择，就可允许其主张救助报酬的理论。但这一案件的出现及上诉法院所表达的意见，并没有统一美国司法实践及理论界对海岸警卫队海难救助报酬请求权的认识。"对海岸警卫队运用空军和海军的服务和物资所提供的服务，政府有权就这一范围内的服务主张救助报酬"，在 American Oil 案中这一法官的附带意见，在法庭和评论家之间毁誉参半。有学者认为：该案中火灾发生后首要的管辖机构是当

---

[1] Martin0 J. Norris, *Benedict on Admiralty*, New York：Matthew Bender, 1997, 7th ed., pp. 20～24.

[2] ［美］G. 吉尔摩、C. L. 布莱克：《海商法》，杨召南等译，中国大百科全书出版社 2000 年版，第 732～736 页。

地消防部门。第五巡回法院的判决并不意味着海岸警卫队有权就其在公海上救助遇难财产和人员的行为主张救助报酬。即使本案中海岸警卫队可以就其额外努力获取救助报酬，但是其并不能就其救助遇难船舶的通常职责行为主张救助报酬。通常，海岸警卫队、市政消防员及其他有义务对船舶提供紧急服务职责的机构，不能被视为"自愿"。也有与此不同的观点：如果获救财产所属的大公司自己的行为造成了海难救助的危险局面，在海岸警卫队选择主张救助报酬时，其理所当然应当获取救助报酬。

（二） United States and Ex – uss Cabot/Dedalo 案[1]

该案涉及海岸警卫队在不同时间为同一船舶提供的不同救助服务，随后，海岸警卫队就其救助服务提出海难救助报酬主张。这是一起典型的关于海岸警卫队海难救助报酬请求权的案件，有必要花费一定篇幅对该案进行介绍，并从中窥探美国司法实践中对海岸警卫队海难救助报酬请求权的基本态度。

1. 基本案情。

Cabot 是最后一艘现存的二战期间在太平洋剧院服务的轻型航空母舰。战后，这艘航母退役并被卖给了西班牙，之后被西班牙改名为 Dedalo。1989 年，美国 Cabot Dedalo 基金会（一个非盈利公司，以下简称基金会）获得了 Cabot 并将其移至新奥尔良，企图建立一个船上博物馆并将其永久置于路易斯安那州的肯纳。基金会对 Cabot 进行了大改造，去除了其主要操作设备。直到 1993 年，基金会一直将无人操纵的 Cabot 停放在新奥尔良密西西比河东岸的 Press Street 码头，该码头由新奥尔良港口委员会所有。在肯纳市长撤销了建立 Cabot 博物馆的选址后，码头

---

[1]　297 F. 3d 378；2002 U. S. App. LEXIS 13134；2002 AMC 1974.

委员会要求基金会要么将该船从码头移走，要么开始支付码头使用费用（委员会之前放弃收取）。1994 年 3 月，码头委员会请求将 Cabot 驱逐出码头。然而，至 1996 年，Cabot 仍停泊于该码头。同月，美国海岸警卫队的 G. D. Marsh 长官，也是新奥尔良港口长官，写信递知基金会：鉴于即将到来的飓风季节，码头的破败状况及船舶不能令人满意的停泊状况对港口的安全构成了直接的威胁，根据《美国法典》第 33 卷第 25 章保证港口安全的职责，Marsh 命令基金会将 Cabot 在 6 月份之前移至安全地点。

但基金会没有采取任何措施，因此 Marsh 再次写信告知基金会，他将对基金会进行罚款，而且海岸警卫队随后将根据《美国法典》第 33 卷第 1321（C）(1) 条的规定采取响应措施，这些措施包含加固、减少危险、燃油和有害物质清除。同时 Marsh 补充到，海岸警卫队将就这些活动收取费用。7 月份，Marsh 通知基金会，海岸警卫队已经清除了 Cabot 上的部分化工桶及油料并通过加固防飓风系缆改善了 Cabot 在码头的停泊状况。并指令基金会继续监控 Cabot 的锚泊情况。

一年后，行经此处的 Tomis Future 轮与 Cabot 相撞，毁坏了 Cabot 及码头。Tomis Future 轮的所有人请求紧急响应拖船使 Cabot 处于安全状态。在美国海岸警卫队的 Daniel Whiting 指挥官调查损害后，海岸警卫队再次对 Cabot 的停泊安全表示关注，尤其是当时密西西比河河水正在上涨。三天后，Marsh 长官根据《美国法典》第 33 卷第 25 章又作出指令，要求基金会雇佣拖船守护 Cabot，并在 3 天内将 Cabot 移至安全的停泊点。第二天，Tomis Future 轮所有人将解除了其雇佣的拖船，在没有提供足够的安全措施的情况下离开了港口。

基金会并没有提供拖船，Marsh 长官立即通知基金会，海岸警卫队将承担提供拖船服务以适当维持船舶安全的责任，他同样告知海岸警卫队根据《美国法典》第 33 卷第 1321〔C〕条执行这一决定，并将根据《美国法典》第 33 卷第 1321〔f〕条就其费用获取补偿。海岸警卫队因此雇佣拖船守护了 Cabot 七周，结束后 Marsh 长官再次告知基金会海岸警卫队已经根据《美国法典》第 33 卷第 1321（c）条做好准备，将船舶移至安全地点。海岸警卫队之后将 Cabot 移至路易斯安那的 Violet。这一行为（包含之前的 7 天的拖船服务 5 000 美元/天，以及碰撞事故后对其系泊的维修）共花费了海岸警卫队及国家污染基金中心 50 068.94 美元。[1]

1997 年 10 月，Cabot 成为一条死船，并从 Violet 移至德克萨斯 Isabel 港。几乎同时，基金会卖掉了 Cabot。在与新所有人订立的救助合同下，Isabel 港对 Cabot 提供防止其倾覆的安全及码头服务救助费用总计 2 008 美元。

1998 年，海难救助者在德克萨斯南部地区法庭对 Cabot 提起对物诉讼，几个月后，政府也提起对物诉讼。Cabot 被扣押了两次，但都在诉讼被驳回后得到释放。

1999 年，政府再次对 Cabot 提起诉讼，德州南部地区法院再次扣押了 Cabot。其他索赔人也介入，包括：①码头委员会，根据路易斯安那东部地区法院的判决寻求对物强制执行；②海难救助者，要求就其救助报酬对船舶享有船舶优先权。德州地区法院授权执法官拍卖 Cabot。拍卖所得支付相关费用后剩余 91 250 美元。码头委员会、海难救助者及政府都对剩余费用提起了船舶优先权。

经过审理，地区法院认为海岸警卫队具有海难救助报酬权，

---

[1]　根据《美国法典》第 33 卷第 1321（s）（2000）条，国家油污基金中心管理油污责任信托基金，并支付清油或者减轻油污威胁的部分费用。

判决海难救助者优先于政府受偿 20 908 美元，政府以第二顺位受偿 7 042.68 美元。随后，该案被提起上诉。上诉法院认为，证据表明，Marsh 长官和 Whiting 指挥官是依照《水污染防治法》行动，而非救助者。Marsh 长官在致信基金会的过程中多次引用《美国法典》第 33 卷第 1321 条。Whiting 指挥官证实他是根据第 1321 条这一紧急事件的协调者，而且 Marsh 长官作为协调者是在根据国家应急预案采取行动减轻 Cabot 所带来的威胁。对其行为，其没有选择权而是必须采取。因此，对其根据《水污染防治法》的强制规范而采取的行动，海岸警卫队并不是自愿救助者，其无权主张救助报酬。

2. 案件分析。

本案中，海岸警卫队对 Cabot 的救助服务是否有权请求海难救助报酬，初审法院和上诉法院给出了完全不同的结论。

地区法院认为海岸警卫队具有海难救助报酬请求权。其法律分析如下：救助遇难船舶的服务不能是出于职责或者合同义务。根据对第三者的职责而采取的行为应视为自愿。因此，当海岸警卫队救助船舶时，她的行为通常应被视为自愿，因为她的法定义务仅在于保护公共利益而非船舶或船主。这一主张在 American Oil Co. 一案中也有体现。第五巡回法院在 American Oil Co. 一案中的附带意见便是：海岸警卫队有自由决定是否采取行为，因此，其所提供的服务是自愿的。本案中，在 Cabot 与 To-mis Future 轮碰撞事故发生后，如果海岸警卫队没有对码头进行维修并雇佣拖轮守护，Cabot 很可能飘荡于密西西比河并被毁坏或者严重损害。海岸警卫队是自愿采取措施的，因为船主，也就是基金会拒绝在紧急情况下采取措施。海岸警卫队并没有事先的法定义务采取这种措施。

而上诉法院认为，本案中海岸警卫队不具有海难救助报酬请求权。其法律分析如下：首先，上诉法院认为 American Oil 案并没有创设海岸警卫队可就其职责范围内的救助服务主张救助报酬。American Oil 案中，对海岸警卫队救助报酬请求权的讨论仅仅是法官的附带意见。而且，反对海岸警卫队救助报酬请求权的古老规则在海商法论著中仍然得到大量支持。因此，American Oil 案中对海岸警卫队有权主张救助报酬的讨论，仅仅是法官的附带意见，并不能产生法律上的拘束力。其次，上诉法院认为，本案中海岸警卫队提供的救助服务是其强制性的法定职责。《联邦水污染控制法》（FWPCA）宣布了在美国可航水域内禁止排放油污或其他危险物质的基本政策。[1]为有效执行这一政策，总统应准备并公布国家紧急预案（National Contingency Plan, NCP）清除油污。[2]FWPCA 要求 NCP 采取及时、协调、有效的行动以减少油污或其他有害物质的排放，并应创立或任命海岸警卫队突击分队，包含培训准备合适人员用于执行紧急预案、充足的污染控制设备及材料、详细的油污及有害物质污染防治计划。[3]减少油污或其他有害物质的行动必须符合国家应急预案。[4]为此，交通部在每个海岸警卫队所在区域设立海岸警卫队应急机构，由所在区域的海岸警卫队人员及设备构成。[5]海岸警卫队对油污危险的反映是强制的而非任意的。《联邦水污染防治法》的这些规定，明确的表明了海岸警卫队对漏油威胁的应急反应是强制的，而非可选择的、随意的。海岸警卫队对漏油威胁，必须迅速有效地作出反应。

---

〔1〕 33 U. S. C. S. § 1321 (b) (1).

〔2〕 33 U. S. C. S. § 1321 (d) (1).

〔3〕 33 U. S. C. S. § 1321 (d) (2), (d) (2) (C).

〔4〕 33 U. S. C. S. § 1321 (d) (4).

〔5〕 33 U. S. C. S. § 1321 (j) (3) (A), (B).

4.3.3 小　结

通过对美国相关立法及司法实践的考察，有关美国公共当局的海难救助报酬权，我们可以作如下分析和总结：

第一，无论是自愿介入海难救助，还是担负一定法定义务强制介入海难救助，公共当局介入海难救助在美国已经具有了明确的立法反映。对公共当局的海难救助报酬请求权，美国立法上采取了针对具体部门进行分别规定的方式。对海军、空军的海难救助报酬请求权，美国立法明确加以支持。而对作为专业进行海难救助的海岸警卫队是否享有海难救助报酬请求权，美国立法则没有明确规定。相关立法在规定海岸警卫队的具体救助职责时，因使用"may"一词而引发了理论上及司法实践中对海岸警卫队的救助服务是否满足海难救助报酬的"自愿性"要件的争议。

第二，在相关公共当局的海难救助报酬请求权问题上，美国的司法实践与立法基本保持了一致。相关案例表明，在海军等相关公共当局的海难救助报酬请求权问题上，美国法院一致认同海军具有海难救助报酬请求权。而对海岸警卫队是否具有海难报酬请求权，司法实践中一直存在争议。这种争议在 United States and Ex－uss Cabot/Dedalo 案中表现得尤为明显。该案中，地区法院与上诉法院在海岸警卫队是否具有海难救助报酬请求权上做出了完全不同的分析与结论。更有意思的是，地区法院的法官与上诉法院的法官都引用了 American Oil Co. 一案，对该案是否创设了海岸警卫队的海难救助报酬请求权，法官看法截然相反。

第三，尽管从表面看来，在公共当局的海难救助报酬请求权问题上，美国采取了与英国不同的路径：英国采取了以"职责范围内外"进行划分的原则,而美国采取了对不同部门进行具体规定的原则。但实质上,两者并无本质区别。美国海岸警卫队海难救助报酬请求权争议的核心便是海岸警卫队是否具有救助海上财产的法定职责。因此,如同英国一样,美国实质上也以"职责范围内外"为标准判断相关公共当局是否有权就其救助服务主张海难救助报酬。

4.4 南非的相关司法实践

南非作为普通法系国家,近些年来,在公共当局的海难救助报酬请求权问题上不断出现一些新的案例。对这些案例进行分析,不仅可以考察南非的相关做法,而且可以窥探普通法系国家在公共当局海难救助报酬请求权上所确立的一般原则。

4.4.1 相关案例

(一) Bostonian and Patterson V. The Gregerso 案 [1]

在 1971 年的 Gregerso 案中,Gregerso 轮突然发生事故,搁浅于 Boston(南非一港口,非美国 Boston)港,阻住了进出港的所有线路。Boston 港口当局运用其所拥有的拖轮将 Gregerso 拖至安全地带,随后就其救助服务主张救助报酬。船主主张,港口当局清除障碍的活动属于其法定职责,不符合海难救助报酬所要求的自愿性要件,因此港口当局不具有海难救助报酬请求权。而港口当局则以双方已经根据劳氏救助合同达成特殊协议为由主张救助报酬。负责该案的 Justice Brandon 法官认为,港口当局不具有救助报酬请求权。根据既有法律,港口当局被授权在紧

---

〔1〕 *Lloyd's Law Report*, 1 (1971), p. 225.

急状态下采取措施清除障碍，这构成了港口当局的法定义务，是港口当局对所有港口使用者的一种义务。因此，港口当局提供的服务不具有自愿性，不能主张救助报酬。

尽管本案没有支持港口当局的海难救助报酬请求，但 Justice Brandon 法官在 Gregerso 案中强调：这一判决无意质疑公共当局及其公务人员在法定义务范围之外获取救助报酬的权利。

（二）Durban & Coast Local Division 案[1]。

1997 年 8 月 7 日，停泊于 Durban 港的 Mbashi 轮驶出港口驶往 Elizabeth 港。在位于 Durban 港南防波堤大约 3.5 英里处，船舶引擎舱突发火灾，船舶失去动力并成为"死船"。一旦船舶发生爆炸，船上燃油泄漏，将给周边环境造成巨大损害。船舶所有人联系 Durban 港港口当局，并请求两艘拖轮前往救助。港口当局随后派出两艘拖轮及一名引航员前往事发地点开展救助作业，成功救助船上人员、船舶及船载货物。

事后，港口当局就其救助作业主张救助报酬。而船方及货方主张，港口当局的救助服务属于其法定职责范围之内，不符合自愿性要件，因而不能主张救助报酬。

本案法官认为，紧急情况出现于距离港口 3.5 英里处，此时船舶已经到达公共海域，已经超出了港口当局的管辖区域，港口当局的拖船对事故作出反应并前往救助的行为，不属于其法定义务范围。本案最终支持了港口当局的海难救助报酬请求。

（三）Transnet v. The MV Cleopatra Dream 案[2]

2004 年 3 月 31 日，被上诉人 MV Cleopatra Dream 轮运载146，670 吨铁矿石停留在萨尔达尼亚港口，依据南非 1982 年《港口法》，上诉人 Transnet 是负责管辖该港口的公共当局，也

---

[1] *Lloyd's Law Report*, 2（2002），pp. 602~610.

[2] *Lloyd's Law Report*, 10（2011），p. 163.

是港口内唯一合法经营拖船的公共当局。而且，根据法律规定，该港口为强制引航港口，因此，除非依法享有豁免权，任何进出该港口的船舶都必须由 Transnet 的引航员引航。本案中，MV Cleopatra Dream 轮不享有豁免权。《港口法》第 22 条规定，根据申请，或者在港口长官认为必要时，为维护港口的安全、秩序，港口长官可以强制采取提供拖船及其他可行的港口服务。

　　MV Cleopatra Dream 轮于 2004 年 3 月 31 日进入该港口，并停泊在矿石装载码头。4 月 2 日，船舶完成货物装载，港口引航员登上船舶，船舶开始解开最后一根缆绳。之后，船舶在港口内突发动力失灵，致使其主发动机无法停止且无法抛锚。此时，引航员请求港口拖船服务。船舶无动力的漂浮在港口内。拖船 Jutten 及 Meeuw 先后到来，将船舶拖至港口的安全地点。当日，港口将 MV Cleopatra Dream 及其船上货物扣押，要求其支付港口内的救助报酬。提供保证后，船舶被释放。

　　本案双方争议焦点在于，上诉人认为其提供的救助服务构成海难救助，有权主张救助报酬，而被上诉人则认为，港口的救助服务属于其法律上及一般法上的救助义务，无权主张救助报酬。被上诉人主张港口当局提供的服务是其本身的义务，不具有自愿性，这种义务主要体现在三个方面：其一，《港口法》第 22 条规定的义务；其二，港口当局有义务对所有港口使用者保证港口安全并适合航行；其三，在港口内出现紧急情况时，港口当局有义务保证有可使用的拖船。

　　关于一般法上的义务：双方当事人均认同港口当局具有维护港口安全航行的一般法上的义务。而对这种义务的具体含义，上诉人认为仅可扩展至一些港口的实体方面，如灯塔的位置、泊位的安全等。而且，使港口安全和使船舶安全航行是不同的概念。因此港口当局的一般法律义务不应被扩展至帮助船舶安全。保证航道安全的义务是对港口的所有使用人而言，而非对获救船舶或货物的所有人而言。

本案法官认为港口当局的这种义务区分是不成立的。如果有必要将一艘失去动力的船舶进行拖航以避免其漂浮在港口内或沉没在港口内或对其他港口使用者造成危险或障碍，那么，这样一个行动就构成了港口当局保证港口安全适合航行的义务。一个沙丘或一艘失控漂浮的船舶对港口安全的危害是同等的，两者都需要港口当局在其职责范围内处理。上诉人关于港口安全的观点太狭隘。一艘满载的船舶漂浮于港口，对她自身、她的船员及货物而言是一种危险，对其他港口使用者而言也是一种危险，如果放任，对环境也是一种危险。

《港口法》第 22 条的规定使港口当局在其管辖港口范围内具有为港口使用者提供拖船服务的法定义务。而《1989 年国际救助公约》在确定救助报酬时，并没有排除对公共当局自愿性原则的要求，因此，南非最高上诉法院维持原审法官的判决，认为港口的救助行为构成法律上和一般法意义上的法律义务，不符合海难救助的自愿性要件，不能根据《1989 年国际救助公约》第 5 条请求救助报酬。

4.4.2 小 结

通过对南非司法实践中近年来出现的三个典型案例的考察，我们可以作如下分析和总结：

第一，与英国公共当局本身极少提起海难救助报酬主张不同的是，南非司法实践中的这三个较为典型的案例都是由作为公共当局的港口当局自身提起。

第二，南非司法实践中，公共当局是否有权就其救助服务主张海难救助报酬，主要取决于公共当局提供的救助服务是否满足海难救助报酬的自愿性要件。而影响公共当局自愿性的主要考量因素在于：公共当局提供救助服务是否是出于其法律上的或者一般法上的义务，如果是，则其不满足自愿性要件，不能就其救助服务主张海难救助报酬。如果不是，则其救助服务属于其职责范围外的行为，可以主张海难救助报酬。

第三，在公共当局的海难救助报酬请求权问题上，南非司法实践与英国采取了较为一致的判断原则，以"职责范围内外"为划分依据，公共当局对其职责范围内的海难救助服务无权主张海难救助报酬，而对其职责范围外的海难救助服务有权主张海难救助报酬。对公共当局职责范围内的救助服务，即使公共当局与被救助方之间签订了救助合同，也不能依据这种合同享有海难救助报酬，这在 Bostonian and Patterson v. The Gregerso 案中得到了很好的体现。

4.5 大陆法系国家的相关规定

尽管《1989 年国际救助公约》授权缔约国以国内法的方式来规定公共当局所享有的海商法上关于救助报酬的权利及补偿范围，但大多数大陆法系国家在其海商法中并未做出规定，如德国、日本、韩国、希腊、意大利、荷兰等。

也有个别国家对此做出了相应规定：如《俄罗斯联邦商船航运大法典》的第二十章是关于海难救助的规定，其中第 353 条对公共当局的海难救助报酬请求权进行了规定："①如果救助作业由公共当局所从事或者控制，进行此种作业的救助人可享有本章规定的权利与救济。②有义务从事救助作业的公共当局，如果进行的救助作业不在其通常的义务范围内，有权享有本章规定的权利与补偿。"如普通法系国家一样，其判断公共当局是否具有海难救助报酬请求权的主要依据是，公共当局的救助作业是否超出了其本身所具有的义务范围。对其义务范围内的救助作业，公共当局无权主张救助报酬，对超过其义务范围的救助作业，则有权主张救助报酬。

瑞典 1994 年《海商法》在第 16 章第 7 条规定："如果救助系由专门用于政府公务而非商业目的瑞典籍船舶所实施，则政府可以放弃获得救助报酬的权利而不对船上人员承担任何责任。"该规定虽然没有明确规定公共当局的海难救助报酬请求权，但也未作出否定。从文意解释的角度分析，公共当局是否具有海难救助报酬请求权并不受其特殊主体身份的影响。

挪威《海商法》第 16 章"救助"第 442 条规定："如果救助船是国家所有，本章也同样适用。本章条款对于适用于由公共当局从事的或在其监督下进行的救助作业的规则没有限制效果。参与此类救助作业的救助者可依据本章，有权获得救助报酬或特别补偿。"对公共当局的海难救助报酬请求权问题，这一规定实际上确定了无特殊规则下总体上适用海商法规则的原则。因此，在具体海难救助中，判断公共当局是否享有海难救助报酬请求权，同样需要首先判断公共当局的海难救助作业是否出于自愿。而对公共当局开展海难救助"自愿"的判断，与判断其他救助人"自愿"并无差异。也就是说，在挪威《海商法》的规定下，公共当局的主体身份同样不影响其海难救助报酬请求权的存在。

我国台湾地区的相关法律并没有直接规定公共当局的海难救助报酬请求权问题。但其"商港法"规定，船舶在外海发生火灾，经港口当局允许进港停靠，消防员完成灭火作业后，有权请求救助报酬。对停泊在港口内的失事船舶提供灭火或其他服务，认为是履行其职务内的职责，不得请求救助报酬。从这一规定，我们可以初步判断，我国台湾地区在公共当局海难救助报酬请求权问题上的基本倾向仍然是以"职责范围内外"为划分依据，区分公共当局是否有权就其具体救助服务享有海难救助报酬。

第5章
公共当局海难救助报酬请求权的实现

公共当局的特殊主体身份并不影响其提起海难救助报酬主张，其所具有的救助海上遇险人命的义务、对海难救助做出反应并尽速前往救助的义务以及船舶碰撞后互救的义务与一般私法上的海难救助人没有本质区别，不会从根本上影响其享有海难救助报酬请求权。通过对公共当局海难救助报酬请求权的比较法考察可知，各国通常都认可公共当局的海难救助报酬请求权，但这不意味着公共当局可就其所有救助行为提起海难救助报酬主张。那么公共当局的海难救助报酬请求权如何具体实现？本章将对这一问题展开讨论。

5.1 公共当局获取海难救助报酬的基本原则

相关国际公约及国家在公共当局的海难救助报酬请求权问题上，大都从广义上认可公共当局享有海难救助报酬请求权，但并不是所有公共当局的海难救助行为都可获得海难救助报酬。公共当局的哪些行为可以主张海难救助报酬？总结而言，大致存在以下判断原则。

5.1.1 以职责内外进行划分的原则

（一）该原则的基本含义

以职责内外进行划分的原则是指，公共当局对其具体海难救助行为是否有权主张海难救助报酬，要看这一行为是否属于公共当局的法定职责。如果该行为属于公共当局的法定职责，则公共当局对此不能享有海难救助报酬；如果该行为超出了公共当局的法定职责，则公共当局可以就此救助行为主张海难救助报酬。

这一原则建立在海难救助报酬的"自愿性"要件基础之上。在判断救助者是否有权享有海难救助报酬时，首先应该判断救助者的救助行为是否出于自愿。公共当局对其救助行为能否主张救助报酬，应如同对一般海难救助者救助行为的判断一样，首先考察公共当局的救助行为是否出于自愿。公共当局在其职责范围外的救助行为，并不受其法定职责的强制性约束，公共当局具有自由选择的权利，可以根据其对救助作业的难易程度、自身的能力、投入成本的大小、预期收益等客观情况的综合判断而决定是否救助遇险船舶及财产。此时，如果公共当局选择了对遇险船舶及财产进行救助，则其救助行为显然满足获取海难救助报酬的"自愿性"要件。而对其职责范围内的救助行为，公共当局具有对遇险船舶及财产进行救助的法定义务，对此，公共当局没有选择权，无论其能否就其救助行为获取海难救助报酬，公共当局都必须提供救助，这种情况下公共当局的海难救助行为，显然不符合获取海难救助报酬的"自愿性"要件。

对公共当局的海难救助行为进行职责内外的划分，并据此判断公共当局是否具有海难救助报酬请求权，已经得到国际公约及相关国家立法和司法实践的支持。

作为海难救助领域的重要国际公约，《1989年国际救助公约》第5条将公共当局从事的海难救助行为区分职责范围内的行为与职责范围外的行为。公共当局对其从事的超越其职责范围的海难救助行为，有权根据《1989年国际救助公约》的规定主张救助报酬。而对其职责范围内的海难救助行为，公共当局是否有权主张救助报酬则处于待确定状态，具体应根据其所适用的国内法的规定加以确定。

相关国家的国内立法及司法实践也确定了以职责内外为划分依据，判断公共当局的海难救助行为是否具有海难救助报酬请求权的原则。在英国，涉及公共当局海难救助报酬权的相关案件中，公共当局对遇险船舶或财产的海难救助行为一般都取得了良好的效果，对此，案件当事人一般存在共识。争议的焦点往往在于公共当局的救助行为是否属于其职责范围内的行为，公共当局的救助行为是否因具有法律上的义务而不满足海难救助报酬的自愿性要件。在这些案件中，如果相关救助服务不是由公共当局或其公务人员提供，而是由私人救助者提供，则救助者显然具有海难救助报酬请求权。

尽管美国采取了以具体公共当局的不同来判断公共当局是否具有海难救助报酬请求权的方式，但这种区分的实质仍然是公共当局的海难救助行为是否属于其法定职责范围。如，美国对海岸警卫队及其他公共当局的海难救助报酬请求权做了区别对待，之所以在海岸警卫队是否具有救助报酬请求权上存在争议，主要原因就在于对海岸警卫队是否具有救助海上遇险船舶或财产的法定职责存在争议。

（二）该原则的积极意义

以职责内外为划分依据判断公共当局的海难救助行为是否有权享有海商法上的海难救助报酬，主要具有两大积极意义：

1. 符合海难救助报酬的获取要件。

获取海难救助报酬的四大要件——被救物必须是法律认可的救助标的、被救物处于海上危险之中、救助行为是自愿行为、救助有效果——已经得到国际法及国内法的高度认可。公共当局海难救助行为与私法主体海难救助行为的最大区别在于救助行为的自愿性。自愿性要件要求救助方开展救助行为没有合同上的、职务上的或法律上的救助义务。公共当局职责范围内的救助行为，显然不符合海难救助报酬的自愿性要件；而公共当局职责范围外的救助行为，则满足海难救助报酬的自愿性要件。因此，以职责范围内外为划分依据，判断公共当局能否有权就其海难救助行为主张救助报酬，符合海难救助报酬取得的基本要件要求。这一判断原则有利于减少理论上的争议。

2. 符合行政法上的行政行为无偿性原则。

行政法理论上的行政行为无偿性原则的基本逻辑在于，民事法律行为是以等价交易、有偿服务为原则的。行政行为尽管也是一种服务，但却是一种通过实施法律来实现的公共服务，是无偿的。国家通过无偿征收税费，使行政相对人（纳税人）分担了公共负担，因此，行政主体为社会提供的公共服务也应当是无偿的。由于国家通过税收已经积累了行政管理所需要的财政基础，因此，国家有义务为代表国家履行公务的国家机关和机关工作人员提供物质上的条件。[1]

对何为行政行为，行政法理论上存在一定争议。我国《行

---

〔1〕　王连昌、马怀德：《行政法学》，中国政法大学出版社 2007 年版，第 101～102 页。

政诉讼法》第 12 条〔1〕从受案范围的角度对具体行政行为进行了列举式的规定，但却没有对概念本身作出进一步的解释。为了有效指导行政诉讼实践，最高人民法院于 1999 年通过了《最高人民法院关于执行〈中华人民共和国行政诉讼法〉若干问题的解释》（以下简称《若干问题的解释》），抛弃了对具体行政行为作出明确规定的尝试，代替以可诉具体行政行为的外延描述和不可诉行为的明确排除来解决行政诉讼的受案范围问题。对此，有学者认为《若干问题的解释》采用了广义上的行政行为概念，行政行为不仅包括法律行为，而且包括事实行为；不仅包括单方行为，而且包括双方行为；不仅包括侵益性行为，

---

〔1〕 第十二条 人民法院受理公民、法人或者其他组织提起的下列诉讼：

（一）对行政拘留、暂扣或者吊销许可证和执照、责令停产停业、没收违法所得、没收非法财物、罚款、警告等行政处罚不服的；

（二）对限制人身自由或者对财产的查封、扣押、冻结等行政强制措施和行政强制执行不服的；

（三）申请行政许可，行政机关拒绝或者在法定期限内不予答复，或者对行政机关作出的有关行政许可的其他决定不服的；

（四）对行政机关作出的关于确认土地、矿藏、水流、森林、山岭、草原、荒地、滩涂、海域等自然资源的所有权或者使用权的决定不服的；

（五）对征收、征用决定及其补偿决定不服的；

（六）申请行政机关履行保护人身权、财产权等合法权益的法定职责，行政机关拒绝履行或者不予答复的；

（七）认为行政机关侵犯其经营自主权或者农村土地承包经营权、农村土地经营权的；

（八）认为行政机关滥用行政权力排除或者限制竞争的；

（九）认为行政机关违法集资、摊派费用或者违法要求履行其他义务的；

（十）认为行政机关没有依法支付抚恤金、最低生活保障待遇或者社会保险待遇的；

（十一）认为行政机关不依法履行、未按照约定履行或者违法变更、解除政府特许经营协议、土地房屋征收补偿协议等协议的；

（十二）认为行政机关侵犯其他人身权、财产权等合法权益的。

除前款规定外，人民法院受理法律、法规规定可以提起诉讼的其他行政案件。

而且包括赋权性行为；不仅包括刚性行为，而且包括柔性行为。也有学者认为，《若干问题的解释》并没有将事实行为规定在可诉行政行为之列。[1]关于行政行为内涵的争论主要源于行政行为双重功能的排斥反应。行政行为这一术语常扮演双重角色。一方面，作为行政诉讼受案范围的行政行为，应包括行政主体一切具有行政法意义的行为；另一方面，作为理论研究的建构性行政行为概念，又应该具有自身的品质。[2]

　　尽管行政法理论界对行政行为的具体内涵存在一定争议，但大都认同行政行为是指行政主体行使行政职权对相对人产生法律效果的行为。从这一意义上来看，行政行为具有以下特征：[3]①行政行为的主体是行政机关，以及得到法律、法规或规章授权的非行政机关组织体（包括行政机构、企事业单位和社会团体）。②行政行为必须是行政主体行使职权的行为。③行政行为必须是对相对人的权利义务产生法律影响的行为。

　　公共当局职责范围内的海难救助行为，是公共当局行使职权、履行其法定义务的具体行为。对比行政行为的基本特征可知，公共当局职责范围内的海难救助行为基本上都可纳入行政行为的范畴。海难救助报酬具有极大的奖励性因素，通常远超过救助人支出的救助成本。因此，根据行政行为无偿性原则，公共当局就其职责范围内的海难救助行为不得主张海难救助报酬。而对公共当局职责范围外的救助行为，应视为公共当局的私法行为，可以就此主张海难救助报酬。

　　（三）该原则存在的不足

　　尽管以职责内外为划分依据判断公共当局海难救助行为是

---

　　〔1〕　江必新：《中国行政诉讼制度之发展——行政诉讼司法解释解读》，金城出版社 2001 年版，第 108 页。

　　〔2〕　应松年：《行政法与行政诉讼法学》，法律出版社 2009 年版，第 113 页。

　　〔3〕　应松年：《行政法与行政诉讼法学》，法律出版社 2009 年版，第 113 页。

否具有救助报酬请求权的原则已经得到了相关立法及司法实践的广泛支持，但该原则仍然存在一些不足。

1. 区分职责内外行为的界限不明确。

公共当局的具体海难救助行为，哪些属于其职责范围内的行为，哪些属于其职责范围外的行为，并没有统一的标准。实践中，法官在适用这一原则具体解释公共当局的行为时，并不一致。如，在 The "Mars" and other barges 案〔1〕中，法官将伦敦港口当局的三名公务人员的救助行为解释为职责范围之外的工作，并认可其救助报酬主张。而在 "Bostonia" and Patterson v. The "Gregers™"〔2〕案中，法官则将波士顿港口当局公务人员的类似救助行为解释为职责范围内的工作，并否定其救助报酬主张。在 "Bostonia" and Patterson v. The "Gregers™" 案中，Brandon 法官就曾指出，"一般认为公共当局及其公务人员职责范围内的服务不可主张救助报酬，而职责范围外的可主张。但如何区别职责范围内外的服务存在一定困难，并没有一个明确的界限。"

如前所述，公共当局作为救助主体的海难救助产生救助报酬争议的焦点往往在于：公共当局的救助行为是否属于其职责范围内的行为。一般而言，涉及具体公共当局的相关法律法规不止一个，对公共当局的具体行为是否属于其法定职责，需要结合相关法律的规定与公共当局的具体行为表现综合判断。这一过程需要借助法官对相关法律的解释来完成，对法官的个人能力提出了较高的要求。

---

〔1〕 〔1947/48〕Vol. 81, *Ll. L. Rep.* pp. 452 ~ 458.

〔2〕 〔1971〕Vol. 1, *Lloyd's Rep.* pp. 220 ~ 229.

2. 职责范围外的行为可以完全主张救助报酬存在一定现实风险。

无论是否属于公共当局的职责范围，公共当局海难救助行为的具体开展都离不开对公务船舶、公务人员及其他公务设施的使用。而公务船舶等公务设施大都由国家财政建立，其本意为提供公共服务，不应用来从事盈利性活动。私法上的海难救助报酬一方面是对救助者的救助费用进行补偿，另一方面是对救助者的救助行为进行奖励。救助者开展海难救助的一大动因就是获取远高于成本支出的海难救助报酬。对公共当局职责范围外的海难救助行为一律授予海难救助报酬，存在鼓励公共当局利用公务船舶等公务设施开展职责范围外的海难救助以获益的潜在风险。如，在英国司法实践中，一般认为港口当局保障港口安全的相关法定职责仅限于本港口内，对港口外的遇险船舶及财产的救助超出了公共当局的职责范围，公共当局有权主张救助报酬。如果一味鼓励公共当局对其职责范围外的救助行为主张海难救助报酬，容易造成其利用公务设施营利的潜在局面的出现。

5.1.2　以行为性质进行划分的原则

该原则主要是指，将公共当局的海难救助行为进行分类，对不同的救助行为实行不同的对待方法。具体而言，这种分类主要有两种。

（一）将公共当局的行为分为从事行为与控制行为

该分类认为公共当局可就其从事行为主张海难救助报酬，而对其控制行为则不可以主张海难救助报酬。这种划分原则背后潜在的理论认知为，公共当局从事海难救助的行为应为私法行为，而公共当局控制海难救助的行为应为公法上的行政行为。

海难救助发生后，相关公共当局在接到求救信号后，往往会组织、协调各种救助力量对遇险船舶或财产进行救助，这种力量既包含自身力量也包含其他社会力量（可称为应召救助人）。而公共当局从事海难救助的行为主要是指运用自身力量对遇险船舶或财产进行救助的行为，这种从事行为作为公共当局控制行为的一种表现和结果，在地位上应等同于其他应召救助人。对于这种行为，除了公共当局的特殊主体身份外，与其他应召救助人的私法行为并无本质区别。从这一角度讲，公共当局就其从事海难救助的行为主张救助报酬是不存在问题的。但是，如果法律明确规定了相关公共当局具有运用自身力量从事海难救助的义务，则这种情况下，将公共当局从事海难救助的行为视为完全的私法行为则是讲不通的。公共当局的控制行为属于典型的职责范围内的行政行为，公共当局对此不具有选择权，难以满足获取海难救助报酬的自愿性要件，公共当局对其控制行为主张海难救助报酬存在理论障碍。

因此，以从事行为和控制行为为区分，判断公共当局是否具有海难救助报酬请求权，也存在一定不足，主要表现为公共当局的从事行为既包含公法行为也包含私法行为，一概授予其海难救助报酬存在不妥。

（二）将公共当局的救助行为区分为强制行为与非强制行为

该分类认为公共当局可就其海难救助中的非强制行为主张海难救助报酬，而对其强制救助行为不得主张海难救助报酬。如我国有学者主张，"船舶或其他财产在海上或者与海相通的可航水域遇险，严重威胁海上航行安全、海洋环境或者其他公共利益时，为了避免或减少对这种公共利益的损害，海事管理机构依照法律规定，使用强制力，对遇险的船舶或其他财产实施救助的行为，可称为强制救助。"而这种强制救助符合行政法上行政强制的定义，性质上属于行政强制。公共当局实施强制救助，不具有我国《海商法》上的海难救助报酬请求权。[1]这一主张背后的理论认知为，公共当局实施的强制救助在公共当局与被救助人之间产生的是行政法律关系，而海商法上的海难救助法律关系为民事主体之间的权利义务关系，因此对公共当局的强制救助应适用行政法加以调整。

这种划分方式存在的最大问题是，将公共当局的强制救助行为视为单一的行为。事实上，从本书第 3 章中对公共当局海难救助行为的考察中可知，公共当局的强制救助行为是对公共当局一系列行为的统称，其中既包含公共当局组织、指挥、协调海难救助的控制行为，也包含公共当局运用自身力量从事海难救助的行为。实践中，公共当局的强制救助行为由单一行为组成的情况是极其罕见的。而公共当局强制救助中的一系列行为中可能包含了行政强制行为，但不应统一定性为行政强制行为。

那么如果将该原则进一步细分为，公共当局的行政强制行为不可主张海难救助报酬，非行政强制行为可以主张海难救助报酬，是否就可以避免上述主张中将强制救助统一定性为行政强制而产生的问题？

将公共当局的海难救助行为划分为行政强制行为与非行政强制行为，行政强制行为依据行政法的规定进行费用补偿，而非行政强制行为依据海商法进行费用补偿，也存在一定问题。一方面，将公共当局的海难救助行为一一列出进而区分其为行政强制还是非行政强制，工作量大而繁琐，且容易出现争议。另一方面，并不是所有的非行政强制行为都能通过海难救助报酬获得费用补偿。行政强制是行政法上较为严格的概念，行政

---

[1]　胡正良："强制救助之研究"，载《中国海商法年刊》2010 年第 3 期。

强制在行政行为中具有特殊性，它以国家强制力作为后盾，对公民权益直接产生法律后果，是一种比行政处罚更为严厉的手段。行政强制的范围确定和具体实施必须严格依照《行政强制法》的规定。事实上，《行政强制法》的重要意义之一就是限制行政强制的种类，控制行政强制权的范围，防止行政权膨胀，建设有限政府。实践中，公共当局的海难救助行为满足行政强制的较少，大部分都不属于行政强制。而对这些不属于行政强制的行为不加区分统一授予海难救助报酬请求权，不合现实与法理。

5.1.3 统一法的方式

（一）该原则的基本含义

所谓统一法的方式，是指不区分公共当局的具体行为及其性质，将公共当局视为与私人救助者具有同等的法律地位，不区分具体公共当局及其行为类别，统一授予公共当局海难救助报酬请求权。

如，美国有学者认为，从公共政策的角度考虑，公共当局的政府公务船舶受财政资助，由政府配备相应设施以保证海上公共安全。这种服务扩展至所有处于危险中的船舶及人员。公共当局就其救助服务获取海难救助报酬，可类比为政府公共投入的回报。否认公务船舶救助商业船舶的救助报酬请求权实际上是经济上的浪费。[1]有学者主张应将所有政府实体都视为与私人救助者具有同等法律地位。认为这一路径符合已经确定的公共政策，[2]且能促进法律的统一。在这种统一规则下，公共

---

〔1〕 Simon W. Tache, "The Law of Salvage: Criteria for Compensation of Public Service Vessels," *Tulane Maritime Law Journal*, 9 (1984), pp. 6~8.

〔2〕 Steven F. Friedell, "Salvage and the Public Interest", *Cardozo Law Review*, 4 (1982~1983), p. 431.

当局的救助职责更应体现在人命救助及对小型船舶的救助中，在此类案件中公共当局不会主张救助报酬：一方面，除有限的情况下，法律通常规定不能就人命主张救助报酬；另一方面，小型船舶的价值比较低，对其主张救助报酬不具有成本效益。而对高额获救财产，所有公共当局救助者都有权主张救助报酬。这一主张的主要理由为：如果对于私人救助者可以获取救助报酬的同样的救助服务，若转而由公共当局实施，则被救助方就会获取意外之财。通过免费提供救助服务，公共当局实际上资助了大型公司。[1] 而公共当局就高额获救财产主张救助报酬，将避免运用纳税人的费用来资助大型公司。这些大型公司毕竟能够承受一定商业风险且大多已投保灾害保险。尽管政府不需要金钱上的激励来救助遇难船舶或人员，但受财政限制，政府就高额获救财产主张救助报酬，进而避免资助公司保险人将会是更好的选择。[2]

我国也有学者主张采取统一法的方式授予公共当局海难救助报酬请求权。这一主张的主要理由为：当前我国救助实践中，公共当局自有的人力、物力不足时常需要指派调用他人的船舶对遇难船舶进行救助的情况时有发生，而公共当局所花费的成本却时常收不回来。[3] 我国在公共当局海难救助报酬请求权问题上，实际上采取了统一法的方式。我国《海商法》第 192 条规定：国家有关主管机关从事或者控制的救助作业，救助方有权享受本章规定的关于救助作业的权利和补偿。司法实践中，

---

〔1〕　在 American Oil 一案中，吉尔摩在其书中就认为，如果获救财产所属的公司对海难事故的发生存在自身的原因，则公共当局获救助报酬的理所应当的。

〔2〕　Bruce D. Landrum, "Salvage Claims for the Navy and Coast Guard: A Unified Approach," *Naval Law Review*, 38（1989），p. 228.

〔3〕　张湘兰：《海商法》，武汉大学出版社 2008 年版，第 405 页。

法院并不区分主管机关的从事行为与控制行为，也不区分主管机关职责范围内的行为与职责范围外的行为，统一认可主管机关的海难救助报酬请求权。

（二）该原则的积极意义

以统一法的方式来解决公共当局的海难救助报酬请求权问题，最大的优势就是简单易行。在判断公共当局是否具有海难救助报酬请求权的问题上，对公共当局的海难救助行为不再进行区分，将公共当局完全视同为私法救助者，只要其海难救助行为取得效果，就赋予海难救助报酬。统一法的方式，简化了程序，最大限度的减少了争议产生的可能性。

（三）该原则存在的缺陷

尽管该原则存在一定积极意义，但相对而言，其本身的缺陷更为明显：

1. 与现有海商法理论相冲突。

海商法上海难救助报酬以"自愿"为核心要件。公共当局的海难救助行为并不都符合海难救助报酬的"自愿"性要件。特别是在现代海难救助中，为了保护海洋环境、维护航道安全等公共利益，公共当局以公权力为保障，强制介入海难救助活动中的现象越来越普遍。一方面，对公共当局而言，其救助海上遇险船舶或财产所追求的终极目标是海上公共利益，而非获取巨额报酬。另一方面，在多数情况下，公共当局对其是否提供救助服务并没有选择权，无论是否存在可预期的海难救助报酬，公共当局都有义务为遇险船舶或财产提供救助服务。此时，公共当局的海难救助并不满足获取救助报酬的"自愿性"要件。因此，对公共当局的海难救助行为不加区分，一律授予海难救助报酬请求权，与海商法上的现有理论相冲突。

2. 与行政法的基本理念不符。

公共当局日常执行职责的行为由国家财政支持，同时，公共当局还可以通过行政收费的方式补充国家财政支持的不足，对其在履行法定职责过程中的部分支出进行补偿。公共当局执行法定职责的行为，本身就是向社会提供公共服务的过程。在海难救助中，公共当局在职责范围内对遇险船舶或财产进行救助过程中，无论是从事救助的公务人员还是投入救助的公务船舶，都已经获得公共财政的支持。另外，公共当局通常还会对相应的纳入其公共职责范围内的行政事项进行收费，如港口当局通常对进出港口的船舶收取一定的港口安全维护费用，对进出港口的船舶提供拖船服务时，收取拖船服务费用等。这种行政收费的主要是目的也是偿付公共当局在履行法定职责过程中的成本支出。

在这种情况下，如果对公共当局的海难救助行为不加区分，对其职责范围内海难救助行为仍进行救助报酬补偿，则有违公共当局的设置目的及行政法的基本理念。另外，对构成行政强制的海难救助行为，如果不加区分一律适用海商法这样的私法加以解决，容易造成法律适用的混乱。

5.1.4 小　结

在公共当局的海难救助报酬请求权确定上，上述三种原则都不完美。相对而言，以职责范围内外为原则划分公共当局的救助行为，对职责范围外的救助行为授予救助报酬，这种方式更值得赞同。这一原则建立在海难救助报酬的"自愿性"要件基础之上，与现有海商法理论相符。适用这一原则判断公共当局的具体海难救助行为是否享有救助报酬，能够避免对公共当局海难救助性质的讨论，澄清当前理论界在公共当局海难救助报酬请求权上的理论混乱。

尽管公共当局内外职责的区分界限不足够明确，但现实中并非不可操作，只是对法官解释法律的能力提出了较高的要求。至于该原则所带来的鼓励公共当局利用公务设施营利的潜在风险，也是可以克服的。具体而言，在海难救助报酬具体数额的确定上，可以综合考虑公共当局所使用的设施及人员的公务性质，相较于私人救助者确定较低的额度。

5.2 公共当局海难救助报酬数额的确定

在确定了公共当局的海难救助报酬请求权后，另一个问题便随之而来。海难救助报酬包含了巨大的奖励因素，而公共当局的海难救助主要由国家配备公务人员及设施，这些公务人员和公务设施由国家财政拨款建立和维持。这种情况下，在确定公共当局海难救助报酬的具体数额时，应将公共当局完全视同为私人救助者，还是将公共当局与私人救助者区别对待？

5.2.1 确定私法救助者海难救助报酬数额的一般方式

（一）确定海难救助报酬数额的基本原则

1. "无效果，无报酬"原则。

这一原则主要是指，请求救助报酬应该以海难救助活动取得有益的效果为前提。换言之，即使救助人投放了巨大的人力、财力或物力，但最终并未使财产获救，救助人也无权请求救助报酬。[1] 作为确立海难救助报酬的基本原则，"无效果，无报酬"原则已经得到国际公约及各国海商立法的广泛承认。《1989

----

［1］ 司玉琢：《海商法专论》，中国人民大学出版社 2007 年版，第 345 页。

年国际救助公约》第 12 条就明确规定，"除另有规定外，救助作业无效，不应得到本公约规定的支付款项。"我国《海商法》第 179 条也对该原则作出规定，"……救助未取得效果的，除本法第 182 条或其他法律另有规定或者合同另有约定外，无权获得救助款项。"[1]

2. 救助报酬的数额不得超过获救财产的价值。

无论是根据《1989 年国际救助公约》，还是根据我国《海商法》，救助报酬均不得超过船舶和其他财产的获救价值。我国《海商法》第 180 条及 181 条明确规定，救助报酬不得超过船舶或其他财产的获救价值。获救价值是指获救的船舶、船上货物和其他财产在获救当时、当地的估价或者是被出卖时所得的金额，扣除有关税款和海关、检验、检疫费用以及进行卸载、保管、估价、出售而产生的费用。[2]

3. 救助方有过失时，减免救助报酬，直至赔偿。

我国《海商法》第 187 条规定，"由于救助方的过失致使救助作业成为必须或者更加困难的，或者救助方有欺诈或者其他不诚实行为的，应当取消或者减少向救助方支付的救助款项。"《1989 年国际救助公约》第 18 条规定，"如因救助人的过失或疏忽或因救助人有欺诈或其它不诚实行为而使救助作业成为必需或更加困难，可剥夺救助人按本公约规定所得的全部或部分支付款项。"

而当救助方有过失，造成被救助方更大损失时，被救助方有权向救助方提起侵权之诉并请求赔偿。

----

〔1〕《1989 年国际救助公约》提出"特别补偿权"，在进行具有环境污染或污染威胁的海难救助时，即使没有取得救助效果，也可以获得特别补偿，特别补偿权是海难救助"无效果、无报酬"原则的例外。

〔2〕 司玉琢：《海商法专论》，中国人民大学出版社 2007 年版，第 351 页。

（二） 确定海难救助报酬数额的考量因素

海难救助报酬的具体数额，一般由救助方和被救助方协商确定，协商不成时，提请受理争议的仲裁机构或者法院裁决或判决。在具体数额的确定上，随着社会经济的快速发展，1991年12月14日由交通部、国家物价局颁发的《中华人民共和国交通部国内航线海上救助打捞收费办法》、《中华人民共和国交通部国际航线海上救助打捞收费办法》两套收费标准已经严重滞后，已于2007年11月14日被《交通部关于废止47件交通规章的决定》明令废止。由于目前尚无新的收费标准出台，对属于纯救助或约定不明的合同救助的救助报酬数额，目前在确认救助报酬时只能按照《海商法》第180条的内容确定。在涉外案件中，还要依据《1989年国际救助公约》的相关条款〔1〕规定，以体现对救助作业的鼓励，并综合考虑各项规定由法院具体确定。我国《海商法》第180条规定了确定救助报酬的十项考量因素。指出确定救助报酬应当体现对救助作业的鼓励，并综合考虑下列各项因素：

1. 船舶和其他财产的获救的价值；

---

〔1〕 《1989年国际救助公约》第13条 评定报酬的标准

1. 确定报酬应从鼓励救助作业出发，并考虑下列因素，但与其排列顺序无关：

（a） 获救的船舶和其它财产的价值；

（b） 救助人在防止或减轻对环境损害方面的技能和努力；

（c） 救助人获得成功的程度；

（d） 危险的性质和程度；

（e） 救助人在救助船舶、其它财产及人命方面的技能和努力；

（f） 救助人所花的时间、费用及遭受的损失；

（g） 救助人或其设备的责任风险及其它风险；

（h） 提供服务的及时性；

（i） 用于救助作业的船舶及其它设备的可用性及使用情况；

（j） 救助设备的备用状况、效能和设备的价值。

2. 救助方在防止或者减少环境污染损害方面的技能和努力；

3. 救助方的救助成效；

4. 危险的性质和程度；

5. 救助方在救助船舶、其他财产和人命方面的技能和努力；

6. 救助方所用的时间、支出的费用和遭受的损失；

7. 救助方或者救助设备所冒的责任风险和其他风险；

8. 救助方提供救助服务的及时性；

9. 用于救助作业的船舶和其他设备的可用性和使用情况；

10. 救助设备的备用状况、效能和设备的价值。

尽管实际操作中存在极大的自由裁量空间，这十项因素基本上指明了确定救助报酬的考量方向和指标，其中既包含对救助方成本支出的考虑，也包含对救助方救助行为的鼓励。仔细观察这十项因素可知，救助方的成本费用支出仅是确定救助报酬考量因素的一小部分，如：第 6、9、10 项是从救助方的救助费用支出角度来确定救助报酬。而如第 1、2、3、4、5、7、8 项则具有很大的奖励性，体现了鼓励救助的原则，在救助报酬的确定因素中占很大比例。

5.2.2 确定公共当局海难救助报酬数额所应遵循的基本原则

公共当局就其职责范围外的海难救助享有海难救助报酬。在公共当局救助报酬具体数额的确定上，与私法救助者相比，其特殊性主要体现为两点：

第一，公共当局主体身份的特殊性。相较于私法救助者，公共当局的特殊主体身份主要表现为其享有国家公权力，具有公法上的行政管理职能。但这种特殊主体身份的存在并不影响公共当局成为私法主体，接受私法关系的调整，享受私法权利及承担私法义务。在行政法学界，已经有学者开始倡导契约的普适化，即不仅在行政法中确立契约方式，而且扩大契约在行政法领域中的适用范围，使行政性、过程性的契约由特定或有限的行政领域走向普遍性的行政领域。在这种大背景下，在海难救助领域，没有必要仅仅因公共当局与私法救助者主体身份的不同，而在海难救助报酬数额的具体确定上，将公共当局救助者与私法救助者进行区别对待。

第二，公共当局使用人员、设施的公务属性。公共当局在具体开展海难救助过程中，难免投入自身人员、公务船舶及其他公务设施。这些公务人员由国家支付工资、公务设施由国家财政拨款建立维持，本意在于履行公共当局的日常公共职责。而公共当局仅就其职责范围外的海难救助行为享有海难救助报酬请求权，尽管此时的救助行为不属于其职责范围内的工作，但公共当局在开展具体救助行为时，大多数时候使用的仍然是公务人员及公务设施。

公共当局使用人员、设施的公务属性，仅仅影响公共当局海难救助报酬具体数额的确定，并不妨碍海难救助报酬确定基本原则的适用。而公共当局的特殊主体身份既不影响具体救助报酬数额的确定，也不影响救助报酬确定原则对公共当局的适用。认可公共当局就其职责范围外的救助行为享有海难救助报酬请求权，实际上是认可了公共当局的救助行为满足海难救助的"自愿性"要件，并构成了海商法上的海难救助。此时，公共当局的海难救助法律关系应由作为私法的海商法加以调整。因此，确定公共当局的海难救助报酬所应遵循的原则，应与确定私人救助者海难救助报酬遵循同样的原则，即："无效果，无报酬"原则、"救助报酬的数额不得超过获救财产价值"原则及"救助方有过失时，减免救助报酬"原则。

5.2.3 确定公共当局海难救助报酬数额的考量因素

确定私人救助者海难救助报酬具体数额的考量因素中，既包含了对救助者成本支出的考虑，也包含了对救助者开展救助作业的鼓励。在确定公共当局海难救助报酬数额时，是否应遵循与私人救助者一致的考量因素，还是仅遵循部分考量因素？仅仅依据救助费用支出成本来确定救助报酬的具体数额，与同时考虑救助报酬的奖励性因素来确定救助报酬的具体数额，将存在较大差异。这实际上是两种不同的路径选择。

（一）路径一：完全适用海商法的规定，综合考虑海商法规定的所有考量因素

这种路径实际上不区分公共当局与私人救助者的海难救助行为，认为，无论是公共当局还是私人救助者作为救助主体，其救助行为只要构成了海商法上的海难救助，就应完全适用海商法的规则来确定当事人之间的权利义务关系，包括海难救助报酬数额的确定。

我国司法实践中，存在法院以此种方式确定公共当局海难救助报酬具体数额的实例。如在"烟台海事局诉宁波港龙海运有限公司海难救助纠纷案"[1]中，在承认烟台海事局的救助报酬请求权之后，确定具体救助报酬数额时，青岛海事法院认为"救助报酬具体的数额计算，应体现对救助作业的鼓励"，并逐项考虑了《海商法》第 180 条的全部十项因素，判决宁波港龙运海运有限公司向烟台海事局支付救助报酬 395 万元。

---

〔1〕 一审：青岛海事法院（2006）青海法烟海商初字第 104 号民事判决书（2007 年 3 月 22 日）。二审：山东省高级人民法院（2007）鲁民四终字第 71 号民事判决书（2007 年 9 月 12 日）。

（二）路径二：以实际成本支出为计量基础，确定公共当局的海难救助报酬

这一路径，得到了我国司法实践的支持。如仍是在上述提及的"烟台海事局诉宁波港龙海运有限公司海难救助纠纷案"中，尽管作为一审法院的青岛海事法院在确定烟台海事局的具体救助报酬数额时，没有区分公共当局救助者与私法救助者，完全适用了海商法的规则。但在本案二审中，山东省高级法院认为一审判决确认救助报酬过高，认为，"根据我国《海商法》第180条的规定，综合考虑本案海难救助的各种因素以及本案获救财产的价值、烟台海事局在救助中产生的费用损失及投入的设备使用状况、效能和价值，依照鼓励救助的原则，确认本案的救助报酬为237万。"由此可以看出，山东省高院在确定烟台海事局的具体报酬数额时，更多考虑的是烟台海事局的实际成本费用支出，尽管判决书中提及了鼓励海难救助的原则，但实际判决数额主要体现了成本原则。

除此之外，"汕头海事局诉中国石油化工股份有限公司广东粤东石油分公司救助合同纠纷案"[1]也体现了对这一路径的运用。在确认原告汕头海事局享有海难救助报酬后，在具体报酬数额的确定上，广州海事法院对原告提出的按照国内市场价格标准计算救助费用的基本主张予以确认，认为原告汕头海事局所主张的救助报酬中，除风险费外，均在救助成本范围内。

在美国，尽管海商法理论及司法实践中对海军的海难救助报酬请求权不存在争议，但是在确定海军的海难救助报酬具体数额时，法院通常并不完全适用海商法规则，而主要考虑海军的实际费用支出。如，在 Tampa Tugs and Towing, Inc. V M/V

---

〔1〕 广州海事法院（2005）广海法初字第182号民事判决书（2005年9月15日）。

Sandanger 案中，海军就其扑灭 Sandanger 轮火灾的救助服务提出了救助报酬主张，尽管海军并没有局限于其费用支出主张救助报酬，但法庭最后以"按劳计酬"的方式赋予了海军相应补偿，而非通常意义上的救助报酬。

在英国的 The "Mars" and other barges 案[1]中，尽管实际获救的船舶及其他财产的总价值高达 16 238 英镑，但最终法官判决三名港口公务人员分别获得 25 英镑的海难救助报酬。一方面体现了对超出职责范围的海难救助行为的鼓励，另一方面综合考虑了救助人的港口公务员身份及其所使用船舶的公务属性。

（三）对两种路径的评价

第一种路径完全适用海商法的规定确定公共当局的海难救助报酬数额，优势在于简单易行，不必区分公共当局救助者与私人救助者。其不足在于，没有关注到公共当局所使用人员及设备的公务属性。

第二种路径关注到了私人救助者与公共当局救助者的不同，充分考虑了公共当局所使用设备及人员的公务属性，在确定公共当局海难救助报酬的具体数额时，以公共当局的实际成本支出为主要考量因素。尽管也强调对公共当局开展海难救助作业的鼓励，但在实际计算救助报酬数额时，更偏重于对公共当局实际费用支出的考量。通过对公共当局费用支出进行补偿的方式，而非让公共当局盈利的方式，鼓励公共当局在其职责范围外开展海难救助。

相对于第一种路径，本书更赞成采用第二种路径来确定公共当局的具体救助报酬数额。在确定公共当局救助报酬的具体数额时，应以公共当局开展海难救助的"成本支出"为基础合

---

[1]　[1947/48] Vol. 81, *Ll. L. Rep.* pp. 452～458.

理确定。所谓公共当局的"成本支出",主要是指公共当局在海难救助中所支出的超出其日常职责范围的成本。如,公共当局所调用的救捞船舶的作业费、材料费等。对公共当局的成本进行估算时应参考当时的市场价以及同类措施(行为或物体)所需的一般费用。具体成本支出的数额,应当以其实际支出的人力、物力为限。

5.3 公共当局海难救助报酬请求权的实现 与海商法上相关法律制度的关系

5.3.1 与特别补偿权的关系

(一) 关于特别补偿权的一般规定

随着人类海上活动的多样化,海洋环境受到日益严重的威胁,救助具有污染环境潜在的危险的船舶,使救助人面临特殊困难。因此,为了吸引救助人投身救助作业,特别是吸引救助人对具有产生污染损害或污染损害威胁的船舶进行救助,在确定救助报酬的时候就不应仅仅是让救助人收回本次救助作业中所支出的成本费用,同时还要在救助成功时使其获得丰厚的利润,使其能够不断更新救助设备,配备高素质救助人员,从而更好的对遭遇危险的海上人命、财产进行救助。[1]《1989年国际救助公约》第14条对"特别补偿"做出了规定,"如一船或其船上货物对环境构成了损害威胁,救助人对其进行了救助作业,但根据第13条所获得的报酬少于按本条可得的特别补偿,他有权按本条规定从该船的船舶所有人处获得相当于其所花费用的特别补偿。"

---

〔1〕 张湘兰:《海商法》,武汉大学出版社2008年版,第399页。

我国《海商法》第 182 条第 1 款也对特别补偿权做出了规定，"对构成环境污染损害危险的船舶或者船上货物进行的救助，救助方依照本法第一百八十条规定获得的救助报酬，少于依照本条规定可以得到的特别补偿的，救助方有权依照本条规定，从船舶所有人处获得相当于救助费用的特别补偿。"这里所说的救助费月是指救助方在救助作业中直接支付的合理费用以及实际适用救助设备、投入救助人员的合理费用。[1]

（二）公共当局是否有权主张特别补偿权

公共当局所介入的海难事故大多存在环境污染危险，那么公共当局在救助具有环境污染威胁的遇险船舶或财产时，是否有权主张特别补偿权？其与公共当局的海难救助报酬请求权之间是否存在冲突？

1. 对特别补偿权的更详尽解读。

根据特别补偿权的规定，救助人在救助具有环境损害危险的船舶或船上货物时：

（1）如果救助取得救助船舶或其他海上财产效果，但没有取得救助环境的效果，救助人可以获得不超过获救财产价值的救助报酬。但如果此时的救助报酬少于救助人的救助费用（即，救助人在救助作业中直接支付的合理费用以及实际适用救助设备、投入救助人员的合理费用），则救助人有权获取相当于救助费用的特别补偿。

（2）如果救助取得救助船舶或其他海上财产效果，并取得救助环境的效果，救助人获得的特别补偿可以另行增加，增加的数额可以达到救助费用的百分之三十。受理争议的法院或者仲裁机构认为适当，并考虑到船舶和其他财产的获救价值，可

---

[1]　我国《海商法》第 182 条。

以判决或者裁决进一步增加特别补偿数额；但是，在任何情况下，增加部分不得超过救助费用的百分之一百。

（3）如果救助没有取得救助船舶或其他海上财产的效果，也未取得救助环境的效果，救助人可以从船舶所有人处获得相当于救助费用的特别补偿。

（4）如果救助没有取得救助船舶或其他海上财产的效果，但取得了救助环境的效果，救助人获得的特别补偿可以另行增加，增加的数额可以达到救助费用的百分之三十。受理争议的法院或者仲裁机构认为适当，并考虑到船舶和其他财产的获救的价值，可以判决或者裁决进一步增加特别补偿数额；但是，在任何情况下，增加部分不得超过救助费用的百分之一百。

通过上述分析可知，只有在第（2）、（4）两种情况下，也就是取得了救助环境的效果时，特别补偿权会给救助人带来超过救助费用的奖励性补偿。在（1）、（3）种情况下，特别补偿权主要用来偿付救助方的救助费用支出。

2. 公共当局基于成本支出的海难救助报酬与特别补偿权的关系。

本书主张，在确定公共当局海难救助报酬的具体数额时，应以公共当局的实际成本支出为计量基础。而特别补偿权中存在超出救助人成本支出的奖励性补偿，在此种情况下，公共当局在开展环境污损威胁的海难救助时，是否有权主张特别补偿？

本书认为，公共当局在开展具有环境污损威胁的海难救助时，有权主张特别补偿，这与"以实际成本支出为计量基础"确定公共当局海难救助数额的主张并不矛盾。具体而言：

首先，特别补偿权与海难救助报酬紧密相连，但又不同于海难救助报酬，是对海难救助报酬的一种补充。特别补偿权实际上是《1989年国际救助公约》所确立的新概念，是公约为救助具有环境污损危险的船舶或财产而规定的一种具有补偿性质的费用。也就是说，在救助具有环境损害危险的船舶或船上货物时，为了鼓励这种救助活动的开展，无论救助是否取得救助船舶或财产的效果，也无论是否取得救助环境的效果，救助人都会获得不低于其支出的救助费用的补偿。其本质追求在于，无论救助是否有效果，都保证救助人救助费用支出得到补偿。

其次，通过对特别补偿权的详尽解析可知，救助人只有在取得救助环境的效果时，才可能获得超出救助费用的特别补偿，而其他情况下，救助人即使主张特别补偿，其最终获取的补偿数额也不会超出其在救助中的费用支出。

再次，一般而言，公共当局具有救助海洋环境、维护本国海洋环境安全的法定义务。多数情况下，公共当局救助具有环境污损的遇险船舶或财产，属于其法定职责，对此，公共当局不具有海难救助报酬请求权。只有公共当局的救助行为超出其法定职责时，才具有海难救助报酬请求权。而特别补偿权与海难救助报酬息息相关，如果公共当局的救助行为本身不构成海难救助，也就不存在海难救助报酬请求权问题，更不存在特别补偿权问题。

因此，仅在公共当局职责范围外的海难救助活动中，存在主张特别补偿的可能。此时，尽管可能存在特别补偿超出了公共当局的实际救助费用支出，但这与"以实际成本支出为计量单位"确定公共当局海难救助报酬数额的理念并不矛盾。此时公共当局的海难救助行为超出了其本身的法定职责，对公共当局超出法定职责救助海上环境的行为，也存在鼓励的必要。既然承认公共当局就其职责范围外的救助行为享有海难救助报酬请求权，就没有必要再去否定公共当局的特别补偿权。

5.3.2 与海事赔偿责任限制的关系

（一）海事赔偿责任限制的内涵

海事赔偿责任限制，是指在发生重大海难事故并导致严重的人身伤亡和财产损害时，依照规定的方式，将责任的赔偿责任限制在一定范围和程度内的法律制度。[1]海事赔偿责任限制，开辟了一种"公平"的新天地，责任受当事人对责任的承受能力的影响，能力大多赔钱，能力小少赔钱。[2]海事赔偿责任限制的重要意义之一便是鼓励海上救助。海难救助事业本身极具风险，一旦因救助人的过失导致救助失败，最终救助方不仅不能获得救助报酬，反而要对被救助方承担赔偿责任。如果对这种赔偿责任不加限制，则救助人存在承担无限赔偿责任的风险，不利于鼓励海上救助。

《1957 年海船所有人责任限制国际公约》（International Convention Relating to the Limitation of the Liability of Owners of Sea‑going Ships，以下简称《1957 年责任限制公约》）规定了两大类责任限制主体：第一类为船舶所有人、承租人、经理人和经营人；第二类为船长、船员以及为船舶所有人、承租人、经理人或经营人服务的其他受雇人。该公约没有将救助人明确纳入责任限制主体的范围之内，将救助报酬请求规定为非限制性海事请求。1971 年"东城丸"案件中，救助人要求责任限制，但英国法院最终判决该案救助人不得限制其责任，该判决引发了国际航运界对《1957 年责任限制公约》的质疑。[3]受此影响，

---

〔1〕 司玉琢：《海商法专论》，中国人民大学出版社 2007 年版，第 395 页。

〔2〕 郭瑜：《海商法的精神——中国的实践和理论》，北京大学出版社 2005 年版，第 189 页。

〔3〕 何丽新：《海商法》，厦门大学出版社 2004 年版，第 279 页。

《1976 年海事赔偿责任限制公约》（Convention on Limitation of Liability for Maritime Claims，以下简称《1976 年责任限制公约》）将救助人纳入责任限制权利主体的范围，赋予其对与救助作业直接相关的人身伤亡或者财产损害的赔偿请求主张责任限制的权利。

我国《海商法》第 204 条明确规定，救助人可以就法律规定的海事赔偿请求，限制赔偿责任。

（二）公共当局的海事赔偿责任限制

公共当局超越职责范围的海难救助行为，符合海难救助的自愿性要件，在公共当局与被救助人之间产生海难救助法律关系。此时，公共当局即为法律上的"救助人"或"救助方"，同样受海事赔偿责任限制的保护。将救助人纳入海事赔偿责任限制主体范围之内，实际上平衡了"无效果，无报酬"原则下救助人开展救助作业所面临的风险。就公共当局的海难救助而言，这一表现更为明显。

本书主张，公共当局海难救助报酬具体数额的确定应以"成本支出"为计量基础，而确定公共当局海难救助报酬时同样应该遵循"救助方有过失时，减免救助报酬，直至赔偿"的原则。一方面在海难救助报酬数额的确定上，对公共当局和私人救助者做了区分；另一方面，在救助方存在过失可能导致相应责任承担时，又将公共当局视同私人救助者，同样适用私人救助者存在救助过失时的处理方式。这对公共当局而言，是否会产生额外的负担，或造成一种实质上的不公平？

首先，以"成本支出"为计量基础确定具体救助报酬数额，主要基于公共当局使用人员及设备的公务属性，不应用其从事营利活动。因此，这种确定公共当局海难救助报酬数额的方式，本身并不会导致对公共当局的实质不公平。

其次，海事赔偿责任限制的存在，实际上平衡了公共当局在其职责范围外，依据私法规范开展海难救助时所面临的潜在风险。在具体海难救助作业中，如果公共当局的救助行为存在过失，则面临对被救助方存在赔偿责任的风险。与私法救助者使用自己的私法财产对被救助方进行赔偿不同，尽管公共当局的救助作业超出了其职责范围，但大多数情况下，公共当局仍然只能使用公法财产对被救助者进行赔偿。现在大型船舶的价值较高，一旦对被救助方造成较大损失，公共当局的赔偿数额将过高。而海事赔偿责任限制制度的存在，将公共当局的风险控制在了合理范围之内。

5.3.3 与船舶优先权的关系

（一）船舶优先权的内涵

船舶优先权，在已出现的相关国际公约中被称为"maritime lien"，是指以船舶为客体的优先权。船舶优先权跟海事赔偿责任限制、共同海损等法律制度一样，是海商法特有的法律制度。我国《海商法》第 21 条规定："船舶优先权，是指海事请求人依照本法第二十二条的规定，向船舶所有人、光船承租人、船舶经营人提出海事请求，对产生该海事请求的船舶具有优先受偿的权利。"

船舶优先权属于船舶担保物权的范畴，是海商法赋予某些法定的海事债权人的一种特权。在船舶营运中，可能会发生多种债务，而基于社会的、经济的以及人道的理由，应当给予一些特殊的海事债权以特殊保护。航海事业历来被认为是一种风险性很大的事业，任何一个事故都有可能导致重大的经济损失，所以，任何一个人在对船舶所有人提供贷款或资金上的帮助时，都会存在顾虑，担心船舶所有人因破产而无力履行债务。由于船舶的价值较大，可以起到很好的担保作用，故在法律上将船舶作为一种担保物，可以消除贷款人的顾虑，使船舶所有人得到必要的援助。船舶优先权的存在，使这些受到特殊保护的海事债权人，得就产生海事请求的当事船舶主张优先受偿的权利，从而使这些特殊的海事债权人受到特殊的保护。所谓优先，主要表现在两个方面：一是受船舶优先权担保的海事请求项目的债权人，可以通过扣押债务人的船舶来实现自己的海事请求；二是在对被扣押的船舶进行拍卖之后，享有船舶优先权的海事请求权人可以排在一般债权人，甚至排在享有船舶留置权和船舶抵押权的债权人前面，对拍卖所得的价款优先受偿。

就海难救助而言，尽管船舶在营运中可能产生很多的债，从法律上来讲，这些债都应该得到履行，但假设该船曾经发生过海上事故并且经另一船舶所救助，那么这个救助人就应该优先于其他债权人受偿，因为较之其他债权人而言，海难救助人对当事船舶曾经做出了特殊贡献，简言之，没有该救助人的救助行为，船舶可能早已全损，而船舶既已不复存在，其他债权人的一切请求都将无从谈起。基于这个理由，世界各国的海商法基本上都做出了相同的规定：如果海难救助报酬发生在其他海事请求的后面，应该先于其他请求受偿，如果有两个以上的海难救助报酬，则后发生的应该优先受偿，理由是：尽管前一个救助取得了成功，但是如果没有后一个救助行为的成功，船舶仍然要归于灭失，换言之，后一个救助行为为前一个救助人实现救助报酬请求权创造了条件，故应该优先受偿。

我国《海商法》第 22 条明确规定了可以享有船舶优先权的各项海事请求，其中第（四）项即为"海难救助的救助款项的给付请求"。也就是说，当救助人就救助报酬问题向获救船舶的所有人提出请求时，该救助人可以和其他拥有优先权的债权人一道排序受偿。

（二）公共当局能否主张船舶优先权

船舶优先权是一种法定权利，并不受当事人之间约定的影响。依照船舶优先权制度，救助人对其海难救助报酬款项有权主张船舶优先权。就公共当局的海难救助而言，如果公共当局的海难救助行为构成了海商法上的海难救助，则其作为海商法的海难救助方，在海难救助报酬请求权的行使上，与其他海难救助方并无差异。基于此，公共当局的海难救助报酬，同样受到海商法上船舶优先权的特殊保护，公共当局就其海难救助报酬，可以与其他拥有优先权的债权人一道按照海商法规定的顺序受偿。

5.4 本章小结

公共当局可就哪些救助行为主张海难救助报酬？通过对相关立法及司法实践的考察，本章总结出判断公共当局具体海难救助行为是否具有救助报酬请求权的三种方式或者说三种原则：以职责内外进行划分的原则、以行为性质进行划分的原则以及统一法的方式。这三种判断公共当局海难救助报酬请求权的原则，都存在一定缺陷，不尽完美。相对而言，以职责内外进行划分的原则更值得赞同。这一原则建立在海难救助报酬的"自愿性"要件基础之上，与现有海商法理论相符。适用这一原则判断公共当局的具体海难救助行为是否具有救助报酬，能够避免对公共当局海难救助行为性质的讨论，有利于澄清当前理论界在公共当局海难救助报酬请求权问题上的混乱局面。

在确定公共当局可就其海难救助行为享有救助报酬请求权之后，随之而来的问题便是具体救助报酬数额的确定问题。与私法救助者相比，在公共当局海难救助报酬数额的确定上，其特殊性主要体现为两点：公共当局主体身份的特殊性及公共当局使用人员、设施的公务属性。这两种特殊性的存在，不影响海难救助报酬确定基本原则对公共当局的适用。也就是说，在公共当局海难救助报酬数额的具体确定上，同样适用"无效果，无报酬"原则、"救助报酬的数额不得超过获救财产价值"原则及"救助方有过失时，减免救助报酬"原则。同时，鉴于公共当局使用人员及设施的公务属性，在公共当局救助报酬具体数额的确定上，应以公共当局的实际成本支出为主要考量因素，通过对公共当局费用支出进行补偿的方式，而非让公共当局营利的方式，鼓励公共当局在其职责范围外开展海难救助活动。

公共当局海难救助报酬请求权的实现，必然与海商法上的相关制度存在一定联系。特别补偿权是海商法上一项特有的制度，是对救助具有环境污损危险的船舶而规定的一种补偿性质的费用，也是对救助方海难救助报酬的补充。公共当局介入的海难事故大多存在环境污染危险，公共当局在开展具有环境污损威胁的海难救助时，同样有权主张特别补偿权。海商法上海事赔偿责任限制制度的重要意义之一便是鼓励海上救助。公共当局超越职责范围的海难救助行为，符合海难救助的自愿性要件，在公共当局与被救助人之间产生海难救助法律关系。此时，公共当局即为法律上的"救助人"或"救助方"，同样受海事赔偿责任限制的保护。将救助人纳入海事赔偿责任限制主体范围之内，实际上平衡了公共当局在其职责范围外，依据私法规范开展海难救助时所面临的潜在风险。船舶优先权作为海商法上的一种特殊法律制度，其重要意义之一就是保护海事请求权人的利益，鼓励船舶开展具有较大风险的海上救助活动。公共当局的海难救助行为，只要构成海商法上的海难救助，依据海商法有权主张救助报酬，那么在这种救助报酬的实现上，公共当局即有权同其他救助人一样，依照船舶优先权的规定，就其救助报酬款项优先受偿。

第**6**章
我国关于公共当局海难救
助报酬请求权的制度构建

在公共当局的海难救助报酬请求权问题上，《1989 年国际救助公约》及相关国家的立法都采用了"Public Authority"一词。我国《海商法》直至整个法律体系基本上不使用"公共当局"一词，而以"主管机关"代替。在海难救助报酬请求权问题上，本书将"主管机关"与"公共当局"视为具有相同含义的语词。在探讨我国公共当局海难救助报酬请求权时，为了与我国立法及司法实践的表述相一致，本章将主要使用"主管机关"一词。

6.1 我国主管机关海难救助的现状概述

在海难事故发生后，我国相关主管机关介入海难救助已经成为一种常态。相关国家主管机关在海难救助中发挥着越来越重要的作用，以交通运输部救捞局为例，自 2003 年组建以来，已经挽救海上遇险人员 57 145 名，救助遇险船舶 4 114 艘，获救财产总价值达 700 余亿元，[1] 在保障水上生命安全、财产安全和环境安全方面发挥了不可替代的作用。

---

〔1〕 "世界海上人命救助大会在上海召开"，载 http://news. xinhuanet. com/politics/2011 –08/24/c_ 121905869. htm，访问时间：2011 年 12 月 10 日。

6.1.1 主管机关介入海难救助的两种情形

在我国，主管机关主要在两种情形下介入海难救助，并实际从事或控制海难救助活动。

（一）为保护海洋环境或海上交通安全介入海难救助

《海上交通安全法》第31条规定，"船舶、设施发生事故，对交通安全造成或者可能造成危害时，主管机关有权采取必要的强制性处置措施。"该条赋予了主管机关在海难事故造成或可能造成航道安全的情况下介入海难救助的权利。该条包含两层含义：其一，当发生事故的船舶、设施对交通安全造成危害的事实已经发生但未结束时，主管机关有权采取必要的强制性处置措施。其二，船舶、设施对交通安全尚未造成危害，但是根据事实推断可能造成危害时，主管机关有权采取强制预防危害发生的措施。[1]《海洋环境保护法》第71条第1款规定，"船舶发生海难事故，造成或者可能造成海洋环境重大污染损害的，国家海事行政主管部门有权强制采取避免或者减少污染损害的措施。"该条赋予了主管机关在发生海洋环境污染损害或损害威胁的情况下采取强制措施的权利。

海难事故发生后，通常涉及海难救助，良好的海难救助方案及救助作业方式，对海难事故发生后海洋环境的保护及航道安全的维护具有重要作用。主管机关在海难事故发生后采取强制措施的根本目的在于保护海洋环境、维护航道安全等公共利益，这种强制措施显然包含对海难救助的指挥、组织、协调及实际从事工作。

实践中，主管机关为保护海洋环境或航道安全而开展海难

---

〔1〕 郑中义、李国平：《海事行政法》，大连海事大学出版社2007年版，第259~260页。

救助活动的案例比比皆是，如"利达洲"海难救助事件、"达飞利波拉"海难救助、"Nancy 轮"海难救助等。

（二）为救助海上人命而介入海难救助

我国于 1985 年加入《1979 年国际海上搜寻救助公约》，并于 1989 年组建"中国海上救助中心"，以代替原来的全国海上安全指挥部。目前，中国海上搜救中心办公室设在中华人民共和国海事局，负责全国的海上搜救指挥及海上搜救力量的组织与协调。沿海各省直属局及分支局设有省级搜救中心和搜救分中心，负责本地区海上搜救任务和当地海上搜救力量的组织与协调。

"搜救"从性质上讲，是政府履行公共服务职能的一种表现，救助的义务范围仅限于遇险人命，海商法上的海难救助则以船舶及财产为救助对象。然而现实是，在海上搜救工作的救助过程中，人命救助和财产救助的交叉是客观存在而且不可避免的。船舶一旦发生海难事故，首先会发出求救信号，海上搜救中心收到求救后，组织协调各种力量赶赴事故现场对遇难船舶进行救助。尽管其初衷是对遇险人命进行救助，但海难事故发生后人命所面临的危险与船舶所面临的危险紧密相连，对人命的救助难以脱离对船舶的救助而单独进行。我国主管机关介入的海难救助中，大多同时存在人命救助与财产救助。

6.1.2 我国主管机关海难救助实践中存在的问题

（一）主体不统一

当今世界上，意大利、英国、美国、日本、印度、西班牙、巴林、加拿大等一百多个国家已经设置了海岸警卫队，作为海上综合执法机构。[1] 尽管不同国家的海岸警卫队所承担的任

---

〔1〕　王琦、万芳芳："法国海岸警卫队的组建及其对中国的启示"，载《海洋信息》2011 年第 4 期。

务、担当的角色存在一定差异，但各国的海岸警卫队基本上都承担着海上执法、海上搜寻与救助、维护海权、边境控制等职责。

相对而言，我国的海上执法主体非常分散。目前，我国对海洋行使管理职能、日常执法功能的部门多达十余个，主要包括交通、农业、公安、能源、环境、土地、海洋、海关以及海军等部门。执法队伍总体规模庞大，各执法部门互不隶属，在一定区间内享有独立的执法权。这种多头管理体制，导致在具体执法事项上，主管部门和执法主体不明确，机构重叠、职能交叉、信息沟通差、组织协调困难。就海难救助而言，有权进行海难救助的主管机关，就涉及救捞局、海事局、搜救中心等，这些机关在职权和职责的划分上不够明晰，造成海难救助领域的职责不清。

（二）搜救经费欠缺

我国现在搜救工作的经费来源主要依靠国家财政拨款，而这些资金相对于我国快速发展的航运经济和海上活动的实际需要是远远不够的。我国搜救工作中存在的经费问题已成为影响我国搜救工作发展的不利因素。

6.2 主管机关海难救助报酬请求权及存在的问题

6.2.1 我国关于主管机关海难救助报酬请求权的相关法律规定

（一）《海商法》第 172 条的规定对主管机关海难救助报酬请求权的影响

《海商法》第九章海难救助中，第 172 条规定："船舶"，是指本法第三条所称的船舶和与其发生救助关系的任何其他非用于军事的或者政府公务的船艇。《海商法》第 3 条所称船舶，是指海船和其他海上移动式装置，但是用于军事的、政府公务的船舶和 20 总吨以下的小型船艇除外。

很明确，用于军事的或政府公务的船舶被排除在《海商法》第九章海难救助中所指的船舶之外。据此，有些学者提出，依《海商法》第 172 条的规定，用于军事的或政府公务的船舶不得依据《海商法》第 192 条享有权利和补偿。而鉴于第 192 条的立法用意及我国当前救助经费欠缺、救助力量严重不足，专业救助站点分布不均衡，相当一部分海难救助仍需要依靠主管机关组织协调的非专业救助力量，如军事船舶、军用飞行器、公务船舶等的现状，有必要协调其与第 172 条的关系，以避免产生歧义。同时考虑到海难救助一章适用的船舶范围有不断扩大的趋势，有些学者建议对第 172 条做出修改。[1]

本书认为，《海商法》第 172 条的规定并不影响主管机关作为海难救助方的法律地位，即使主管机关使用军事的或公务的船舶从事海难救助。

《海商法》第九章对船舶的规定，主要是从海难救助标的的角度加以规范。一般认为，海难救助法律关系的成立需要具备四个要件：被救物必须是为法律所承认的标的、被救物处于危险之中、救助是自愿行为、救助有效果。《海商法》第 172 条的规定表明，用于军事的或者政府公务的船舶在海难事故中作为被救助物获救时的法律关系，不属于《海商法》的调整范围，须要其他法律制度加以规范。而对救助方采用何种性质的船舶开展救助，《海商法》第九章并未做出要求。也就是说救助方可

---

[1]　林于喧：“国家有关主管机关海难救助报酬请求权”，载《水运管理》2008 年第 2 期；郭传光：“海事主管机关的救助报酬问题探讨”，载《交通科技》2008 年第 2 期。

以使用商业船舶及设施从事救助作业，也可以使用军事的或者政府公务的船舶从事救助作业。救助方使用军事的或者政府公务的船舶从事海难救助作业，并根据第 192 条享受救助作业的权利和补偿，与《海商法》第 172 对船舶含义的规定不存在矛盾和冲突。至于是否应该扩大作为救助标的的"船舶"的范围，并对《海商法》第 172 条加以修改，则是需要另外讨论的问题。

（二）《海商法》第 192 条对主管机关海难救助报酬请求权的规定

关于主管机关的海难救助报酬请求权，我国《海商法》第 192 条规定，"国家有关主管机关从事或者控制的救助作业，救助方有权享受本章规定的关于救助作业的权利和补偿。"

《海商法》第 192 条主要参照《1989 年国际救助公约》第 5 条制定。公约第 5 条的规定如下：1. This Convention shall not affect any provisions of national law or any international convention relating to salvage operations by or under the control of public authorities. 2. Nevertheless, salvors carrying out such salvage operations shall be entitled to avail themselves of the rights and remedies provided for in this Convention in respect of salvage operations. 3. The extent to which a public authority under a duty to perform salvage operations may avail itself of the rights and remedies provided for in this Convention shall be determined by the law of the State where such authority is situated.

透过公约的措辞，在公共当局的海难救助报酬请求权上，我们可以作如下分析：首先，关于公共当局的海难救助报酬请求权，公约首先尊重各国国内法的规定。其次，公共当局就其职责范围外的海难救助行为，可以依据公约规定主张救助报酬。最后，公共当局就其职责范围内的海难救助行为能否主张救助报酬，应该根据公共当局所在国家的法律规定加以确定。

相对于《1989 年国际救助公约》的规定，我国《海商法》第 192 条的规定较为简单。从文意解释的角度，我们可以对《海商法》第 192 条的规定做如下解析：

第一，主管机关的海难救助作业可分为两种：主管机关从事的救助作业和主管机关控制的救助作业。

第二，在主管机关海难救助报酬的取得上，不再区分主管机关从事的救助作业与控制的救助作业。无论是在主管机关从事的救助作业中，还是在主管机关控制的救助作业中，救助方都有权主张海难救助报酬。因此，主管机关能否就其海难救助行为主张救助报酬，主要取决于主管机关能否成为海难救助的救助方。

第 192 条并没有明确救助方的具体含义，没有区分主管机关职责范围内的救助与职责范围外的救助。从语义分析的角度解释，在主管机关从事或控制的海难救助中，只要满足《海商法》上的救助方条件，救助人就有权依照《海商法》所确立的规则来获取救助报酬或实现救助费用补偿，而不论救助人是否具有法定的救助职责或救助义务。而要成为海商法上海难救助的救助方，主管机关的救助行为必须出于自愿。就此而言，主管机关能否根据第 192 条主张救助报酬，主要取决于主管机关的救助行为是否出于自愿，能否构成海商法意义上的海难救助方。

实质上，第 192 条并没有解决主管机关的海难救助报酬请求权问题，第 192 条较为简单的规定，使我们对主管机关海难救助报酬请求权的讨论又回到了问题的原点。主管机关海难救助报酬请求权问题出现的重要原因，就是主管机关能否成为海难救助的救助方，其海难救助行为是否符合海难救助报酬的自愿性要件。

国际公约及相关国家的司法实践，基本上都确定了以"职责内外"划分主管机关的海难救助行为，进而确定主管机关海难救助报酬请求权的原则，认为主管机关职责范围外的海难救助行为，符合海难救助报酬的自愿性要件，可以主张海难救助报酬；而主管机关职责范围内的海难救助行为，则不符合海难救助报酬的自愿性要件，不可以主张海难救助报酬。[1]《1989年国际救助公约》实质上提出了以"职责内外"确定主管机关海难救助报酬请求权的主张。而《海商法》第192条的规定，并没有遵循《1989年国际救助公约》所提出的这一原则，最终导致对主管机关海难救助报酬请求权的规定回到问题的原点。

6.2.2 主管机关海难救助报酬请求权的相关司法实践

我国司法实践中，主管机关就其海难救助行为提起救助报酬主张的案例并不鲜见，较为典型的有：大连中山渔港监督诉大连云海钓具贸易有限公司海难救助合同救助费纠纷案[2]、烟台海事局诉宁波港龙海运有限公司海难救助纠纷案[3]、汕头海事局诉信盈海运有限公司等海难救助报酬纠纷案[4]、汕头海事局诉中国石油化工有限公司广东粤东石油分公司海上救助作业纠纷案[5]、Nancy轮海难救助报酬纠纷案等。对上述案

---

〔1〕 参见本书第5章的讨论。

〔2〕 大连海事法院（2003）大海东商初字第71号民事调解书（2003年12月14日）。

〔3〕 一审：青岛海事法院（2006）青海法烟海商初字第10号民事判决书（2007年3月22日）。二审：山东省高级人民法院（2007）鲁民四终字第71号民事判决书（2007年9月12日）。

〔4〕 广州海事法院（2007）广海法初字第352号民事判决书（2008年7月3日）。

〔5〕 广州海事法院（2005）广海法初字第182号民事判决书（2005年9月15日）。

例中法院的判决进行分析，在主管机关海难救助报酬请求权问题上，可以归纳总结出我国司法实践中的通常做法：

（一）不区分主管机关法定职责内外的行为，统一授予海难救助报酬请求权

我国司法实践中，在判断主管机关是否具有海难救助报酬请求权时，并不对主管机关的救助行为是否属于其法定职责内的救助行为进行考察。这一点在"大连中山渔港监督诉大连云海钓具贸易有限公司海难救助合同救助费纠纷案"中得到了充分体现。

2002 年 11 月 16 日，大连云海钓具贸易有限公司所有的垂钓船"云海"轮载着 26 名垂钓爱好者，在驶经养殖区附近时，螺旋桨突然被海带筏绳缠住，主机失灵，船舶失控。船舶在风浪中左右摇摆，无法挣脱困境，船长只得发出求救信号。辽宁省海上搜救中心、大连海事局、大连港海监处与原告大连中山渔港监督同时接到"云海"轮求救信号，纷纷火速赶往出事海域。在救助过程中，大连中山渔港监督所属的"中国渔政 21701"船接近"云海"轮，但由于风浪过大和周围养殖物密集，3 次傍靠均告失败。后经多方配合，中山渔港监督终于成功救助了"云海"轮及船上乘客，但因此次救助行为而使船舶受损、一名船员受伤、一名船员致残。救助结束后，在双方对救助费用无法达成协议的情况下，原告将大连云海钓具贸易有限公司诉至大连海事法院，提出救助报酬主张。本案最终在法院的调解中，双方达成调解协议，由大连云海钓具贸易有限公司向原告大连渔港监督一次性支付 18 万元的海难救助报酬。

本案在审理过程中存在两个争议焦点：该救助行为是否属于法律约束的救助，原告是否具有法定救助义务？原告是否享有海难救助报酬请求权？

《海上交通安全法》明确规定了海难救助有关主管机关及其职责："中华人民共和国港务监督机构，是对沿海水域的交通安全实施统一监督管理的主管机关。"[1]"主管机关接到求救报告后，应当立即组织救助。有关单位和在事故现场附近的船舶、设施，必须听从主管机关的统一指挥。"[2]"国家渔政渔港监督管理机构，在以渔业为主的渔港水域内，行使本法规定的主管机关的职权，负责交通安全的监督管理，并负责沿海水域渔业船舶之间的交通事故的调查处理……。"[3]由上述规定可知，对于渔船及渔船上遇难人员的海难救助，渔港监督作为主管机关具有法定救助义务，救助行为可以由渔港监督自己实施，也可以组织有关单位和在事故现场附近的船舶实施。因此，本案中，大连中山渔港监督的救助行为属于其职责范围内的救助。

尽管本案法官在案件审理中，认识到了原告的救助行为属于其职责内的行为，也认识到了主管机关职责范围内的救助行为不符合海难救助报酬的自愿性要件，不属于传统海商法意义上的海难救助，但在判断主管机关是否具有海难救助报酬请求权时，又回到了《海商法》第192条的规定。本案法庭认为，根据《海商法》第192条的规定，国家主管机关从事海难救助仍然享有一般救助人救助作业的权利并获得相应补偿。

本案审理中，法官在判断主管机关是否具有海难救助报酬请求权时，实际上遵循了这样一种思维逻辑：根据《海商法》第192条的规定，只要是主管机关的海难救助行为，不管其是否属于主管机关的法定职责，都具有海难救助报酬请求权。《海商法》第192条授予了主管机关就其海难救助行为主张救助报

---

〔1〕 我国《海上交通安全法》第3条。

〔2〕 我国《海上交通安全法》第38条。

〔3〕 我国《海上交通安全法》第48条。

酬的权利。

这一思维逻辑在其他相关案例中也得到了体现，如在"汕头海事局诉中国石油化工有限公司广东粤东石油分公司海上救助作业纠纷案"中，广州海事法院在判定汕头海事局是否有权向被告主张救助报酬时，阐述到，"原告对'明辉8'轮船载货油的救助行为是基于履行防止船舶污染海域职责的行为，该救助作业属于国家主管机关从事或者控制的救助作业。根据《海商法》第192条的规定，国家有关主管机关从事或者控制的救助作业，救助方有权享受本章规定的关于救助作业的权利和补偿。因此，原告作为控制救助作业的救助方，有权根据《海商法》第九章的规定获得救助报酬。"

（二）是否区分主管机关的从事行为与控制行为，做法不一致

如，在"汕头海事局诉信盈海运有限公司等海难救助报酬纠纷案"中，广州海事法院认为，"汕头海事局是海事行政主管机关，本次救助作业属于'国家有关主管机关从事或者控制的救助作业'。依照《海商法》第192条关于'国家有关主管机关从事或者控制的救助作业，救助方有权享受本章规定的关于救助作业的权利和补偿'的规定，汕头海事局作为本次救助作业的救助方，对其从事或者控制的救助作业，有权享受《海商法》第九章规定的关于救助作业的权利和补偿。"实际上不区分主管机关的从事行为与控制行为，认为依照《海商法》第192条的规定，主管机关的从事行为与控制行为均享有海难救助报酬请求权。

而在"烟台海事局诉宁波港龙海运有限公司海难救助纠纷案"中，山东省高级人民法院则认为"烟台海事局是国家行政机关，其职能是组织、协调辖区内船舶防台、水上搜救工作。

但是根据我国《海商法》第 192 条的规定，烟台海事局在组织救助的同时从事救助也可以享受《海商法》规定的救助作业的权利和补偿，即获得报酬和补偿。"山东省高院实际上认为，依照《海商法》第 192 条的规定，主管机关仅就其从事海难救助的行为享有海难救助报酬请求权，对其控制海难救助的行为则不享有海难救助报酬请求权。

（三）不区分主管机关的强制行为与非强制行为

我国司法实践中，并不区分主管机关的强制行为与非强制行为，即使主管机关的救助行为已经构成了行政法上的行政强制，只要被救助方没有明示的反对，就视为被救助方自愿接受救助方的救助，认为双方之间存在救助合同关系。

如，在"汕头海事局诉中国石油化工有限公司广东粤东石油分公司海上救助作业纠纷案"中，在"明辉 8"轮海难事故发生后，海面出现漏油的情况下，汕头海事局向"明辉 8"轮船舶所有人鄂东公司发出了《海事行政强制措施决定书》，并抄送给本案被告，要求鄂东公司实施清除污染、抽取货油、消除污染隐患的行政强制措施。随后又向鄂东公司发出《海事行政强制执行告诫书》，告诫鄂东公司如果其逾期履行抽油清污的义务，原告将采取清除污染、抽取货油、消除污染隐患的强制执行方式，费用由鄂东公司承担。在鄂东公司未履行《海事行政强制措施决定书》的情况下，汕头海事局向鄂东公司发出《海事行政强制执行书》，称"鄂东公司未履行《海事行政强制措施决定书》和《海事行政强制执行告诫书》的义务，汕头海事局依照法律规定，采取清除污染、抽取货油、消除污染隐患的强制执行方式。"并与上海打捞局签订合同抽取货油。

由上述事实可知，汕头海事局与上海打捞局签订合同抽取货油的行为，显然已经构成了行政法上的行政强制，汕头海事局在实施上述行为前发出的《海事行政强制执行书》也已经明确了其行为的行政强制执行性质。具体而言，汕头海事局委托上海打捞局抽取货油的行为，实质上是在鄂东公司不履行相关法定义务的情况下，实施的代履行。[1] 依照我国《行政强制法》的规定，这种代履行的费用应该按照成本合理确定，由当事人承担。[2]

然而，本案中，广州海事法院并没有考察汕头海事局所采取行为的行政强制属性，而是依据《海商法》第 192 条的规定，直接认定汕头海事局具有海难救助报酬请求权。

（四）不完全遵循被救助方的"自愿"

"自愿"是海难救助的基本构成要件之一。自愿原则，一方面要求救助方开展救助行为具有自愿性，救助行为的实施不能是出于任何公共义务、准公共义务或者合同义务；另一方面，要求被救助方自愿接受救助。对于被救助方的自愿，国际公约及各国海商法都做了明确的规定。如《1989 年国际救助公约》第 19 条规定，"不顾船舶所有人、船长或其他处于危险中的不在船上而且未曾装过船的财产的所有人的明确而合理的制止而提供的服务，不产生本公约规定的支付款项。"我国《海商法》第 186 条对此也做了明确规定，"……不顾遇险的船舶的船长、船舶所有人或者其他财产所有人明确的和合理的拒绝，仍然进行救助的"，无权获取救助报酬。

我国司法实践中，在处理海难救助报酬争议，判断当事人

---

〔1〕 我国《行政强制法》第 50 条规定，"行政机关依法作出要求当事人履行排除妨碍、恢复原状等义务的行政决定，当事人逾期不履行，经催告仍不履行，其后果已经或者将危害交通安全、造成环境污染或者破坏自然资源的，行政机关可以代履行，或者委托没有利害关系的第三人代履行。"

〔2〕 我国《行政强制法》第 51 条第 2 款：代履行的费用按照成本合理确定，由当事人承担。但是，法律另有规定的除外。

之间是否存在海难救助法律关系时，对被救助方的"自愿"要求较低。只要被救助方对救助方的救助行为没有作出明示的拒绝，就视为双方之间存在海难救助法律关系。尽管司法实践中，尚未出现被救助方明示拒绝下的海难救助报酬争议。但在我国海事实践中，却存在这样的案例。如 Nancy 轮海难救助报酬争议案。

1. 基本案情。

Nancy 轮（船东南韩船运有限责任公司）于 1994 年 1 月 22 日从营口鲅鱼圈港开航。当夜被冰困，漂泊于渤海湾内。因货舱进水堵漏无效，船长估计船即将沉没，遂宣布弃船。烟台港监接到 Nancy 轮救助请求后，立即派遣两艘救援船到达遇险现场。但因风浪太大，天色渐暗，若即刻实施救助，则行动困难且风险太大，于是接下难船船员后返航。次日清晨，经查实难船尚未沉没，烟台港监即通过外代转告难船船东，尽快委托救助。但韩国船东经过考虑后宣布弃船，放弃委托施救。在这种情况下，烟台港监经慎重研究决定采取强制处置措施，派出 3 艘救助拖轮，于 27 日 21 时将难船拖至烟台港 4 号码头。随即通过代理通知船东救助结束，让其来烟台处理后期事项。

2. 双方争议。

在整个搜救过程中，烟台海事局始终遵循我国《海上交通安全法》及相关国际公约所赋予的职责行事，及时受理难船的险情、求救报告，组织指挥遇难现场的船舶行动，积极大胆施救，把事故危害控制在最低程度，行动效果也是成功的。然而。随之而来的却是在谈判中 Nancy 轮船东与我国主管机关在海事经济报酬问题上产生的分歧。韩国船东提出如下质疑：

（1）作为一国主管机关，对于遇难船员有义务救助；

（2）这种强制措施、强制救助的法律依据何在；

（3）难船所有人并未委托救助，管理机关单方面将难船拖带至岸边码头，不产生合同救助费用，船东至多只承担支付拖带费用的法律义务。

针对船东的质疑，烟台海事局认为：

（1）在此次海难施救中，救助方从国际义务和沿海国责任出发，对海上遇难者伸出救援之手是理所应当的，但是，救助方在诸多方面付出了自己的努力，耗费了大量的人力、物力，且在救助人命的同时，也有效的救助了船舶、货物和其他财产，因此，有权利从救助船公司船舶财产的款项中获得合理的份额。

（2）在"Nancy"轮海难中，由于"Nancy"轮船员已经弃船，而船东又宣布不委托施救，对在主权水域内人去船空任凭风浪击打漂移的无主船，主管机关有责任和权力妥善处置；且难船半沉半浮的锚泊于烟台－大连习惯航线上，此区域船舶航行、各种海上作业活动频繁，一旦坐沉，势必对通航安全构成威胁；若任其自然沉没，将来打捞工程费用浩大，双方都更加麻烦；难船位置附近又有海产养殖，若在此沉没，海上大量存油冒出，将导致严重的海洋污染危及海产资源，且不易清除，后患不堪设想，事后的污染赔偿损失更是难以估量。因此，强制将其带离危险处境，既有法可依，又有现实需要，还为当事船东减少了最终经济损失。

（3）主管机关采取强制性处置措施的法律依据是《1989 年国际救助公约》第 9 条，我国《海上交通安全法》第 31、40条，国家《海洋环境保护法》第 35 条。"强制救助"属于行政法律上已规定的"强制性处置措施"概念中的一个具体种类，因此，"强制救助"的行为实质上是一种依法进行的"行政管制性救助"，是一种对危险处境中的危害物的"强制挽救"行为。所以它的行为性质首先是依法行政性。

（4）在 Nancy 轮海难中，虽然烟台港监未与船东达成救船契约，但就主管当局来说，在财产救助中，较之一般救助人有一种特殊身份。它不仅可以在正常的救助合同中成为救助方，也可以在特殊情形下不经达成协议，对船舶财产实施强制性救助或管制。因为港口国当局及其公务船并无义务施援救助他国船只，却有责任防止自己的沿海权益不受各种安全隐患的威胁。在这种情况下，被救助人（同时也是肇事人）自愿并不是救助成立的必要条件。这种强制救助如同纯救助合同一样，作为救助人——主管当局当然有权利获得救助报酬。

强制救助虽然属于非契约性救助的一种，但它在救助的操作形式、事后的报酬支付方面却与纯救助极为相似。行政非契约性救助的补偿给付，应参照纯救助的付酬方式。其救助作业损耗和风险费用，根据《1989 年国际救助公约》第 5 条的规定，应该根据公共当局所在国家的法律加以确定。因此，本案中，应依据我国《海商法》第 179、180、182、188 条及第 192条加以处理。

3. 对案件的评析。

尽管经过艰苦的谈判，Nancy 轮海难救助报酬争议最终以我国主管机关取得满意的偿付结果而结束，但烟台海事局在谈判过程中提起的相关主张却经不起推敲：

第一，在烟台海事局的主张中，其提出了"强制救助"的概念。烟台海事局一方面强调"强制救助"属于"行政管制性"救助，将"强制救助"视为行政法上的概念；另一方面，又强调"强制救助"如同纯救助一样，应视为海商法上的概念，并有权取得救助报酬。对"强制救助"的基本归类存在逻辑混乱。

第二，烟台海事局认为，"主管机关在财产救助中，较之一般救助人有一种特殊身份，可在特殊情况下不经达成协议，对被救助方进行救助。此时，被救助人的自愿并不是救助成立的必要条件。这种救助如同纯救助，并应参照纯救助确定报酬方式。"纯救助是指在海上财产遭遇危险之后，在未曾请求外界救援的情况下，由救助人自行提供救助的行为。烟台海事局的这种主张缺乏理论与法律依据：

首先，依据我国《海商法》的规定，在主管机关从事或控制的海难救助中，只有救助方有权主张救助报酬。而要成为海难救助的救助方，必须满足海难救助的成立要件。我国相关法律虽然赋予了主管机关为维护海洋环境安全及海洋交通安全采取强制措施的权利，尽管这种强制措施包含了强制救助行为，但并没有授权主管机关就其所有强制救助行为主张救助报酬的权利。

其次，纯救助奉行的是自愿的原则，这一原则不仅适用于救助人也适用于遇险财产的所有人。如救助方不经遇险财产所有人的同意即自行救助，有时甚至在遭到拒绝的情况下仍然进行救助，这样的救助即使取得了成功，救助方也无权请求救助报酬。[1] 纯救助主要出现在海难事故发生后，无法与船舶所有人取得联系的情况下。[2] 本案中，烟台海事局在 Nancy 轮船东明确放弃委托救助的情况下开展的海难救助行为，与海商法上的纯救助差别较大，烟台海事局的解释未免牵强。

第三，在救助报酬及具体数额的确定上，烟台海事局主张应适用我国《海商法》的相关规定。如前所述，我国《海商法》实际上并未从实质上解决主管机关的海难救助报酬请求权

---

[1] 司玉琢，《海商法专论》，中国人民大学出版社 2007 年版，第 334 页。

[2] 李昊、刘耀东："纯救助的法律性质分析"，载《中国海商法年刊》2007年第 16 期。

问题。烟台海事局这一主张背后的逻辑,与我国司法实践的通常做法一致,并不具体区分主管机关的救助行为,认为只要是主管机关从事或控制的海难救助,均可根据《海商法》第192条的规定取得救助报酬。

6.2.3 小结

关于主管机关的海难救助报酬请求权,我国《海商法》第192条参照《1989年国际救助公约》第5条进行了规定。第192条的规定总体上承认了主管机关的海难救助报酬请求权,但未具体明确主管机关在何种情况下可以享受海难救助报酬请求权。第192条规定主管机关从事或控制的救助作业中,救助方享有救助报酬请求权,实质上将主管机关的海难救助报酬请求权引回问题的起点,未从根本上解决主管机关的海难救助报酬请求权问题。

司法实践中,我国法院在处理与主管机关海难救助报酬有关的争议时,并不考察主管机关开展海难救助的自愿性,只要被救助方对主管机关的救助行为没有明确的拒绝,就认定主管机关与被救助方之间存在海难救助法律关系,主管机关有权就其海难救助行为主张救助报酬。实际上采用了"统一法"的方式来处理主管机关的海难救助报酬请求权问题。这一做法存在以下问题:

第一,对主管机关的所有海难救助行为都授予海难救助报酬请求权,与《海商法》第192条的规定不符。依据《海商法》第192条的规定,在主管机关从事或控制的海难救助中,主管机关只有构成海难救助的救助方,才能就其救助行为主张救助报酬。也就是说,依据《海商法》第192条的规定,并不是所有主管机关的救助行为都可以主张救助报酬。

第二，将主管机关的所有海难救助行为都授予救助报酬请求权，与海商法的基本理论相冲突。海难救助的自愿性构成要件，要求在判断海难救助法律关系是否成立时，不仅考察被救助方的自愿性，也要考察救助方开展海难救助的自愿性。将主管机关的所有海难救助行为都授予救助报酬请求权，不区分主管机关职责内外的行为，实质上不再考察救助方的自愿性，认为主管机关职责范围内的非自愿行为同样能够产生海难救助法律关系，从根本上违背了海难救助的自愿性构成要件。

第三，海难救助报酬含有巨大的奖励性因素，通常远高于救助人的实际救助成本支出。主管机关职责范围内的海难救助行为，由国家财政支持，是主管机关的法定义务。对其授予海难救助报酬请求权，违背主管机关提供公共服务的基本理念与追求。

第四，主管机关的海难救助行为在构成行政法上的行政强制时，仍授予主管机关海难救助报酬请求权，实际上认为主管机关的救助行为同时构成了私法上的海难救助与行政法上的行政强制。同一行为既是私法行为又是公法行为，于法于理不通。

6.3 主管机关海难救助报酬数额的确定及存在的问题

6.3.1 确定主管机关海难救助报酬数额的相关规定

在主管机关海难救助报酬具体数额的确定上，我国《海商法》并未做出特殊规定。由《海商法》第192条的规定可知，主管机关海难救助报酬数额的确定，与私法救助者海难救助报酬数额的确定不存在差别。也就是说，在确定主管机关海难救助报酬数额时，应综合考虑《海商法》第180条规定的十项考量因素。

对此，有学者提出不同意见，认为，对于我国主管机关从事的救助作业，主管机关同普通救助人一样，作为救助人有权依照我国《海商法》第192条的规定获得救助报酬；对于主管机关控制的救助作业，考虑到目前我国主管机关自有人力、物力不足时常需要指派调用他人的船舶对遇难船舶进行救助的情况时有发生，而主管机关所花费的成本却时常收不回来的现状，应授予其海难救助报酬请求权。但在确定具体的救助报酬数额时，考虑到主管机关控制的救助作业等属于其职责范围内的行政行为，主管机关所用设备由国家为其配备，人员工资由国家为其划拨，应将第180条第（六）、（九）、（十）项因素排除在外。该学者并建议将我国《海商法》第192条的规定作如下修改："国家主管机关从事或者控制救助作业，有权享受本章规定的关于救助作业的权利和补偿。但在确定其救助报酬考虑第180条规定的因素时，该条第六、九、十项因素不应予以考虑。"[1] 而《海商法》第180条的六、九、十项分别为：救助方所用的时间，用于救助作业的船舶和其他设备的可用性和使用情况，以及救助设备的备用状况、效能和设备的价值。这种主张主要考虑的是主管机关使用人员及设备的公务属性。

除《海商法》的规定外，1991年，交通部、国家物价局发布《中华人民共和国交通部国内航线海上救助打捞收费办法》和《中华人民共和国交通部国际航线海上救助打捞收费办法》。相对于目前的物价水平而言，上述规定已经不适合当前的现实情况。2007年，交通部废止了上述收费办法，至今未出台新的收费办法。

---

[1] 张湘兰：《海商法》，武汉大学出版社2008年版，第404~405页。

6.3.2 确定主管机关救助报酬数额的司法实践

我国司法实践中，法官在处理有关主管机关海难救助报酬争议的案件中，在确定救助报酬的具体数额上，并未形成统一的规则。

如，在"汕头海事局诉信盈海运有限公司等海难救助报酬纠纷案"中，广州海事法院在确定具体救助报酬数额时，主要考察了十项因素中的四项："信盈"轮面临的危险和"海巡31"轮所冒的风险，耗费的救助成本和提供服务的及时性，救助船舶、其他财产和人命方面的技能和努力、救助的效果。在"汕头海事局诉中国石油化工股份有限公司广东粤东石油分公司救助合同纠纷案"中，在确定具体救助报酬数额时，除了风险费外，广州海事法院对原告提出的按照国内市场价格标准计算救助费用的基本主张予以确认，认为原告汕头海事局所主张的救助报酬中，除风险费外，均在救助成本范围内。相对于广州海事法院主要考虑主管机关的救助成本，在"烟台海事局诉宁波港龙海运有限公司海难救助纠纷案"中，在承认烟台海事局的救助报酬请求权之后，确定具体救助报酬数额时，青岛海事法院认为"救助报酬具体的数额计算，应体现对救助作业的鼓励"，并逐项考虑了《海商法》第180条的全部十项因素。

上述情况的出现，有其客观原因。《海商法》第180条关于确定救助报酬的规定，其特点是为了保持法律规定的稳定性，较为原则，在审理案件适用该法律规定时难以量化。无论是在涉及主管机关的海难救助中，还是在纯私法主体的海难救助中，在具体救助报酬数额的确定上，法官都具有较大的自由裁量权。然而在仅涉及私法主体的海难救助报酬纠纷案中，我国的司法实践中已经形成了一些基本的原则，如"平衡当事人双方利益"

原则。但主管机关海难救助报酬纠纷中，鉴于主管机关使用人员及设备的公务属性，在确定主管海难救助报酬数额时，除参照一般海难救助报酬纠纷中的基本原则外，还应遵循一些特殊的原则。

相较于我国而言，英美国家的司法实践在承认公共当局海难救助报酬请求权的同时，在海难救助报酬额的具体确定上，通常会考虑公共当局所使用人员、设备的公务属性，主要以成本原则确定公共当局的海难救助报酬数额。这种以成本原则确定公共当局海难救助报酬数额的方式，对公共当局职责范围外的海难救助行为进行认可与鼓励的同时，尽量排除其中所涉公法因素的影响，既能减小公共当局利用公务设备进行营利的风险，又能鼓励公共当局开展海难救助活动，救助海上遇险船舶及财产。

我国司法实践不区分主管机关的具体救助行为，统一授予主管机关海难救助报酬请求权，而在主管机关具体救助报酬数额的确定上尚未形成统一适用的规则。这一现实的存在，使得法官在确定主管机关具体救助报酬数额时，只能遵循确定私人救助者救助报酬的一般原则，不能体现主管机关海难救助的特殊性。

6.4 我国有关主管机关海难救助报酬请求权的制度建设

如上所述，关于主管机关的海难救助报酬请求权，我国《海商法》第 192 条的规定存在不足，并未从实质上解决主管机关的海难救助报酬请求权问题。我国司法实践中，采取一刀切的方式，不区分主管机关的具体救助行为，只要被救助方对主管机关的救助行为没有做出明示的反对，就认可主管机关就其

海难救助行为享有救助报酬请求权，这种做法简单粗暴，既与
《海商法》的基本规定相悖，也不符合海商法的基本理论与长久
以来所形成的既定规则。同时，将主管机关的公法行为与私法
行为等同对待，统一适用私法解决，于法于理不通。那么如何
完善我国有关主管机关海难救助报酬请求权的相关法律？

6.4.1 对《海商法》第 192 条的规定进行调整

（一）对《海商法》第 192 条的修改建议

立法规定的模糊性，是引发理论上有关主管机关海难救助
报酬请求权争议的重要原因，也是司法实践尚未形成统一做法
的直接原因。为此，有必要对《海商法》第 192 条的规定进行
调整。

尽管《海商法》第 192 条的规定未从实质上解决主管机关
的海难救助报酬请求权问题，但这一规定并非完全没有意义。
《1989 年国际救助公约》第 5 条的规定，除了对公共当局的海难
救助作出规范外，另一个重要目的就是防止公共当局对海难救
助的介入被用来作为剥夺私人救助者获取救助权利的理由。[1]
《1989 年国际救助公约》第 5 条第 2 款的规定，实际上明确了在
公共当局从事或控制的救助作业中，实际从事救助作业的私人
救助者，享有公约所规定的权利和补偿。我国《海商法》第 192
条的规定有异曲同工之妙，在主管机关从事或控制的救助作业
中，救助方都可以享有《海商法》第九章所规定的有关救助作
业的权利和补偿。

在对《海商法》第 192 条的规定进行调整修改时，应保留
其原本具有的积极意义。鉴于此，对第 192 条作如下修改建议：

---

[1] Joho Reeder, *Brice on Maritime Law of Salvage*, London：Sweet & Maxwell2010，
4th ed. ，p. 346.

"国家有关主管机关从事或者控制的救助作业，救助方有权享受本章规定的关于救助作业的权利和补偿。

具有法定职责从事救助作业的国家有关主管机关，对超出其职责范围的救助作业，有权享有本章规定的权利与补偿。但在确定其救助报酬考虑第 180 条规定的因素时，应排除对该条第六、九、十项因素的考虑。"

（二）对《海商法》第 192 条的修改建议所体现的基本原则

对《海商法》第 192 条的上述修改建议，实际上确立了以下几项基本原则：

1. 主管机关对海难救助的介入，不影响私人救助者的海难救助报酬请求权。

这一原则主要是对应召救助人的保护。应召救助人是指在海难事故发生后，应国家主管机关的召唤对遇难船舶进行救助的人。我国法律明确规定，海难事故发生后，有关单位和在事故现场附近的船舶、设施，必须听从主管机关的统一指挥。[1]应召救助人在海难救助中发挥着重要作用。[2]应召救助人在主管机关指挥下开展海难救助，不可避免的面临着人力、物力等费用支出，由于我国海难救助机制尚不健全，应召救助人在救助过程中的费用支出一直得不到合理补偿，处于自流状态。[3]

姑且不论应召救助人与主管机关是否存在行政征用的法律

---

〔1〕《海上交通安全法》第 38 条。

〔2〕 仅就渔业救助而言，2010 年，全国各级渔业行政主管部门及其渔政渔港监督管理机构共组织渔业力量参与海难救助 1 048 起，调度、派遣渔业行政执法船艇 389 艘（次）、渔船 1 350 艘（次），实际投入救助费用 2 842.42 万元，挽回经济损失 4.5 亿元。应召参加救助的渔业船舶占所有救助船舶总量的 77% 之多。参见《中国渔业年鉴 – 2011 年》，中国农林出版社 2011 年版，第 17 页。

〔3〕 罗秀兰："民间力量参与海上公益性救助的激励机制探析"，载《广东海洋大学学报》2011 年第 5 期；章春华："中国海上遇险搜救现状分析及未来发展之对策探讨"，载《天津航海》2004 年第 4 期。

关系，就应召救助人与被救助人之间的法律关系而言，应当承认应召救助人的海难救助方法律地位及其海难救助报酬请求权。

应召救助人与一般救助人最大的区别在于，其应主管机关的召唤并在主管机关的指挥下开展救助作业，应召救助人能否成为海商法上的救助方，主要取决于其开展海难救助活动是否出于自愿。应召救助人出现的海难救助中，形成了三种法律关系：应召救助人与主管机关之间的法律关系、应召救助人与被救助人之间的法律关系以及主管机关与被救助人之间的法律关系。主管机关指令应召救助人对遇难船舶进行救助，如果应召救助人拒绝，则其将受到主管机关的行政处罚，[1]此时，应召救助人与被救助人之间不会产生海难救助法律关系。如果应召救助人接受主管机关的指令，则仅就应召救助人与被救助人之间的法律关系而言，应召救助人对被救助人的救助应视为出于自愿。因此，从结果论来看，主管机关的指挥并不会对应召救助人的"自愿"产生影响。究其本质原因，"自愿"主要体现在应召救助人与被救助人之间的法律关系中，而主管机关的指挥主要存在于主管机关与应召救助人之间的法律关系中。

2. 总体上认可主管机关的海难救助方法律地位。

主管机关开展海难救助时所使用的船舶及设备的政府公务属性及其特殊的公法主体身份，并不影响其以平等的救助方身份开展救助作业。主管机关成为《海商法》上的救助方，不存在法律上的障碍。

当前国家救助经费缺口大的矛盾十分突出，日常救助和训练任务繁重，设备老化严重，都亟需大量维修资金。[2]如果海

---

〔1〕《中华人民共和国海上海事行政处罚规定》第 65 条。

〔2〕孙富民："东海海域救助统计，分析与对策研究"，载中国国际救捞论坛组委会：《第五届中国国际救捞论坛论文集》，海洋出版社 2008 年版，第 11 页。

难救助的全部资金都由国家承担，一方面政府负担太重，另一方面也不具有合理性。因为：在相对于国家救助的私人救助中，被救助方要根据获救财产的价值向私人救助方支付救助报酬。如果针对同一海难救助，只因救助人的不同，被救助方负担就差异巨大，会增加被救助方过度依赖国家力量的救助，而拒绝私人救助力量救助的可能性。

3. 以职责内外为划分依据，具体判断主管机关的海难救助报酬请求权。

大多数情况下，在发生海难救助后，主管机关具有对遇险船舶或财产开展海难救助的法定职责。依据我国《海上交通安全法》第38条的规定，"主管机关接到求救报告后，应当立即组织救助。"主管机关在接到求救报告后，具有组织海难救助的法定职责。根据该法第3、48条的规定，这里的主管机关主要是港务监督机构、渔港监督等国家机关。同时，我国《海上搜救应急预案》的规定，海上搜救中心作为政府的代表，具有在发生海上突发事件时，组织海难救助的法定义务。

然而，并不是所有主管机关的海难救助行为都属于其法定职责。我国《海商法》第192条的规定，将主管机关的海难救助区分为从事行为与控制行为。前者主要是指主管机关对海难救助作业的指挥、组织和协调行为。后者主要是指主管机关以自有力量具体从事海难救助作业的行为。《海上交通安全法》及《海上搜救应急预案》所规定的主管机关开展海难救助的法定职责，主要体现在主管机关对相关海难救助活动的组织上。也就是说，主管机关对海难救助的控制行为大都属于其职责范围内的工作。而主管机关的从事行为，是否属于其法定职责范围则不一定，具体判断时应根据相关法律规定进行甄别。如，根据我国《消防法》的规定，公安消防队具有扑救辖区内火灾的义务。据此，港口公安消防队扑灭停泊在港口内，危及港口安全的船舶火灾的行为，应属于其职责范围内的救助行为。

在判断主管机关是否有权就其具体救助行为主张海难救助报酬时，主要考察主管机关的救助行为是否属于其法定职责内的行为。只有对超出法定职责的救助行为，主管机关才有权主张海难救助报酬。这一划分方式将主管机关的私法行为纳入《海商法》的调整范围。一方面，《海商法》作为私法规范，只用于调整私法关系；另一方面，只有符合海难救助自愿性要件的主管机关的救助行为，才有权依据《海商法》的规定主张救助报酬，与海难救助的基本理论保持了一致。而对于主管机关法定职责范围内的公法行为，则应由《海商法》外的其他法律加以调整。

4. 以成本支出为计量基础，确定主管机关海难救助报酬的具体数额。

对主管机关法定职责外的海难救助行为，应充分考虑主管机关使用人员及设备的公务属性。在确定具体救助报酬数额时，应以主管机关实际成本支出为计量基础，

6.4.2 对我国海上救助体制进行调整

当前我国有关主管机关海难救助报酬请求权上极不统一的实践做法，一方面源自我国相关立法规定的模糊性，另一方面，则源自我国相关主管机关设置及职责划分上的不明确。要从根本上厘清主管机关海难救助报酬请求权，除了完善相应立法规定外，最根本的是对我国当前海上救助体制进行调整。

当前我国的海洋管理体制是一种分散型的体制，同一事项被多个部门分割管理，力量分散且协调困难，已经不能适应现代海洋管理的需要。就海难救助而言，相关国家主管机关就涉

及救捞局、海事局及搜救中心等，相关主管机关权责不清，在确定海难救助报酬时，难以厘清主管机关的救助行为及其法定职责的关系。

对此，有必要统一我国的海上执法管理机构，对海难救助实现统一领导与指挥。有学者建议，以中国海事局为基础，采取整合模式，[1]组建有中国特色的中国海洋执法机构，最终组建中国的海岸警卫队，将包括海上救助的海上执法职权统一在海事局的职能之下，由海事局设置专门的救助部门开展海上救助。

本书认为，在我国设置海岸警卫队是一个系统庞大的工程。2013 年 3 月 10 日，国务院公布的"大部制改革"方案中，提出了重组国家海洋局的计划，将统整分散在各部门的海事权力，结合成一个强有力的"拳头"，以得心应手的处理海洋维权问题。具体改革方案及效果有待期待。

仅就海难救助而言，本书认为，我国可以将相关主管机关的职权统一划归至海事局，由海事局统一负责海难救助工作。当前，中华人民共和国海事局作为交通运输部的直属机构，是我国的海事主管部门。[2]同时，我国专门负责海难救助的海上搜救中心一般设置在当地的海事局，日常工作由海事局承担，

〔1〕 贾国义："关于设置中国海岸警卫队的探讨"，厦门大学 2008 年硕士学位论文，第 38 页。

〔2〕 中华人民共和国海事局成立于 1998 年 10 月，是在原中华人民共和国港务监督局（交通安全监督局）和原中华人民共和国船舶检验局（交通部船舶检验局）的基础上，合并组建而成的。海事局作为交通运输部的直属机构，也是国务院海事主管部门，实行垂直管理体制。根据法律、法规的授权，海事局负责行使国家水上安全监督和防止船舶污染、船舶及海上设施检验、航海保障管理和行政执法，并履行交通部安全生产等管理职能。参见"中华人民共和国海事局"官方网站：http://www.msa.gov.cn/，访问时间：2015 年 3 月 10 日。

同属于交通运输部主管。[1]救捞局作为国家专业救助打捞力量，也归交通运输部主管。[2]因此，将海难救助工作统一由海事局负责，所涉部门主要集中在交通运输部内部，具体实施起来相对容易，具有一定的现实可行性。

　　本书主要是从法律角度探讨公共当局的海难救助报酬请求权问题，囿于本书的主题及作者的学识，对我国的海上救助体制改革，本书仅作抛砖引玉，不展开详细讨论。

---

　　[1] 参见"中国海上搜救中心"官方主页：http://www.moc.gov.cn/zizhan/si-ju/soujiuzhongxin/，访问时间：2015 年 3 月 10 日。

　　[2] 交通部救捞局是国家海上专业救助打捞力量。下设 3 个专业救助局、3 个专业打捞局和 4 支专业救助飞行队。其主要职责是负责我国沿海及内水的水上人命救助、财产救助和环境救助，沉船沉物打捞，以及代表国家履行有关国际公约和双边海运协定等国际义务。参见"交通运输部救助打捞局"官方网站：http://www.crs.gov.cn/jigougk_jlj/danweijj_jjgk/。

第7章

结　论

7.1 本书的主要观点总结

1. 公共当局海难救助与行政救助中的国家应急救助存在一定共性，都是在灾害发生后，政府面对非常状态所提供的一种特殊公共服务，其都含有减少突发事件所带来的严重社会危害及维护社会公共利益的目的。但是，两者在救助对象、被救助人的选择权、被救助人的受益、救助程度等方面存在较大差别。总体而言，两者区别大于共性，不能简单的将两者等同，并直接运用行政法上的理论来讨论公共当局的海难救助报酬请求权。

2. 对公共当局海难救助行为的性质，不能一概而论。公共当局的控制行为，是在海难事故发生后，公共当局履行政府职能的一种具体表现。这种行为并不是单个行为，而是由多个具体行政行为所组成，其中包含了行政强制行为。而对公共当局的从事行为，不应将其视为与公共当局的控制行为并行的法律行为。本书认为，公共当局的控制行为与从事行为应为包容关系，公共当局从事救助的行为是控制行为的一种表现和结果。在公共当局海难救助中，公共当局会组织协调各种救助力量具体开展救助作业，而其自身的力量也应属于被调动的救助力量之一。公共当局以自身力量从事救助作业的行为应视同其他应召救助人的行为，不应简单的视为公共当局的行政强制行为。

3. 公共当局享有国家公权力，具有公法上的行政管理职能。公共当局这种特殊的身份，并不影响其成为私法关系的主体，进而成为海难救助合同的当事方。

4. 救助海上遇险人命的义务、对海难救助做出反应并尽速前往救助的义务及船舶碰撞后互救的义务，被视为海难救助上的三大法定义务。从相关国际公约及国家的法律规定来看，这三大法定义务的直接义务主体为海上航行的船舶的船长，间接义务主体则为公共当局。①救助遇险人命的法定义务，并不会影响公共当局就其从事海难救助的行为主张救助报酬。②就公共当局的从事行为而言，如同应召救助人的海难救助作业，其海难救助报酬请求权不因其具有对难救助做出反应并尽速前往救助的法定义务而受到影响。③公共当局在船舶碰撞后所应承担的互救义务，并不会从根本上影响公共当局的海难救助报酬请求权。

5. 公共当局职责范围内的海难救助行为，本质上是公共当局履行其法定职责的一种具体表现。公共当局能否就此行为主张海难救助报酬，主要取决于此时公共当局的海难救助行为是否符合海难救助报酬的"自愿"要件。"自愿"要求救助人开展救助完全出于自愿，其有权选择是否对遇险船舶及财产进行救助。

公共当局履行法定职责的行为，是一种法律为公共当局所规定的强制性义务，并不以公共当局的意愿为转移。如果公共当局不履行其承担的法定职责，则构成行政不作为。就公共当局法定职责内的海难救助行为而言，在发生海难救助事故后，其对遇险船舶或财产的救助是其履行法定职责的具体方式。即使被救助方没有向具有法定救助职责的公共当局做出请求、双方没有达成救助协议，公共当局也有义务开展救助行为。因此，公共当局法定职责的存在，直接影响公共当局的海难救助报酬请求权。就公共当局法定职责内的海难救助行为，因不满足海难救助的自愿性要件，不能主张海难救助报酬。

6. 通过对公共当局海难救助报酬请求权的比较法考察可知，以"职责范围内外"为原则划分公共当局的海难救助行为，并进而判断公共当局是否具有救助报酬请求权，已经成为当前国外司法实践中较为普遍的做法。对职责范围内的救助行为，公共当局无权主张救助报酬；而对职责范围外的救助行为，公共当局则有权主张救助报酬。

在对公共当局的海难救助行为进行区分，以判断其是否具有海难救助报酬请求权时，以职责范围内外进行划分的原则，相较于以行为性质进行划分的原则及统一法的方式，更为合理。该原则建立在海难救助报酬的"自愿性"要件基础上，与当前海商法及行政法基本理论相符。尽管公共当局内外职责的区分界限不足够明确，但现实中并非不可操作。至于该原则所带来的鼓励公共当局利用公务设施营利的潜在风险，也是可以克服的。具体而言，在海难救助报酬具体数额的确定上，可以综合考虑公共当局所使用的设施及人员的公务性质，相较于私人救助者确定较低的额度。

7. 在公共当局海难救助报酬数额的具体确定上，本书主张以公共当局的实际成本支出为计量基础，确定具体救助报酬数额。这一方式关注到了私人救助者与公共当局救助者的不同，充分考虑了公共当局所使用设备及人员的公务属性。在确定公共当局海难救助报酬的具体数额时，以公共当局的实际成本支出为主要考量因素的方式，尽管也强调对公共当局开展海难救助作业的鼓励，但在实际计算救助报酬数额时，更偏重于对公共当局实际费用支出的考量。通过对公共当局费用支出进行补偿的方式，而非让公共当局盈利的方式，鼓励公共当局在其职责范围外开展海难救助。

8. 公共当局在我国法上被称为主管机关。关于主管机关的海难救助报酬请求权，我国《海商法》第 192 条的规定存在不足，未从实质上解决主管机关的海难救助报酬请求权问题。这一规定并不能解决有关主管机关在何种情形下享有海难救助报酬请求权的争议。我国司法实践中，采取一刀切的方式，不区分主管机关的具体救助行为，只要被救助方对主管机关的救助行为没有做出明确的反对，就认可主管机关的海难救助报酬请求权。这种做法简单粗暴，既与《海商法》的规定相悖，也不符合海商法的基本理论与长久以来所形成的既定规则。同时，将主管机关的公法行为与私法行为等同对待，统一适用私法解决，于法于理不通。对此，本书建议：

（1）对《海商法》第 192 条的作出如下修改建议：

"国家有关主管机关从事或者控制的救助作业，救助方有权享受本章规定的关于救助作业的权利和补偿。

具有法定职责从事救助作业的国家有关主管机关，对超出其职责范围的救助作业，有权享有本章规定的权利与补偿。但在确定其救助报酬考虑第 180 条规定的因素时，应排除对该条第六、九、十项因素的考虑。"

（2）对我国当前海上救助体制进行调整。具体而言，可以将相关主管机关的职权统一划归至海事局，由海事局统一负责海难救助工作。

7.2 不足与展望

作者自省，认为本书主要存在以下不足：

1. 囿于作者学识及资料所限，本书对公共当局海难救助报酬请求权的比较法考察，主要局限于英美法系国家，对大陆法系国家相关立法及司法实践的考察不足。

2. 当前我国有关主管机关海难救助报酬请求权上极不统一的实践做法及理论争议，一方面源自我国相关立法规定的模糊性，另一方面，则源自我国相关主管机关设置及职责划分上的混乱。要从根本上厘清主管机关海难救助报酬请求权，除了完善相应立法规定外，最根本的是对我国当前海上救助体制进行调整。对此，尽管作者提出了改革的建议，但仅浅尝辄止。期望在未来的学术研究中，能够对这一问题开展更为深入、细致的研究。

参考文献

REFERENCE

［1］林于暄："国家有关主管机关海难救助报酬请求权"，载《水运管理》2008 年第 2 期。

［2］孙敬东："国家主管机关在海难救助中的权利和义务"，载《中国水运》2008 年第 6 期。

［3］林鹏鸠："论海难救助之概念"，载《大连海事大学学报》1995 年第 3 期。

［4］禹华英："海难救助的性质与法律适用"，载《西南政法大学学报》2010 年第 4 期。

［5］梁磊："浅析国家主管机关在海难救助中的法律地位及法律责任"，载《珠江水运》2009 年第 7 期。

［6］郭传光："海事主管机关的救助报酬问题探讨"，载《交通科技》2008 第 2 期。

［7］杨质健："国家主管机关从事和控制的海难救助相关法律问题研究"，大连海事大学 2003 年硕士学位论文。

［8］钱俊强："国家主管机关从事或控制的海难救助中救助款项请求权问题研究"，上海海事大学 2006 年硕士学位论文。

［9］李艳："国家主管机关海难救助报酬请求权问题研究"，大连海事大学 2010 年硕士学位论文。

［10］吴静："国家主管机关海难救助若干法律问题研究"，大连海事大学 2009 年硕士学位论文。

［11］李民："论逼制救助"，载《中国律师 2000 年大会论文精选

（下卷）》，法律出版社 2001 年版。

　　［12］王俊波、刘冬青："论主管机关'强制救助权'及其运作特点"，载《航海技术》1996 年第 3 期。

　　［13］谭振宏、郑中义："中国海上强制救助的研究"，载《大连海事大学学报》2007 年第 S2 期。

　　［14］张胜春："我国现行强制救助作业的法律特征及缺陷"，载《中国水运》2008 年第 4 期。

　　［15］胡正良："强制救助之研究"，载《中国海商法年刊》2010 年第 3 期。

　　［16］［美］E·博登海默：《法理学：法律哲学与法律方法》，邓正来译，中国政法大学出版社 1999 年版。

　　［17］陈国庆："英国的'公共当局'"，载《检察日报》2000 年 12 月 29 日，第 4 版。

　　［18］司玉琢：《国际海事立法趋势及对策研究》，法律出版社 2002 年版。

　　［19］张湘兰：《海商法》，武汉大学出版社 2008 年版。

　　［20］郭萍、于泓："论救助款项的含义——兼论对我国《海商法》部分条文的理解"，载《当代法学》2002 年第 12 期。

　　［21］吴焕宁：《海商法学》，法律出版社 1996 年版。

　　［22］傅廷中：《海商法论》，法律出版社 2007 年版。

　　［23］司玉琢，《海商法专论》，中国人民大学出版社 2007 年版，第 451 页。

　　［24］［美］G. 吉尔摩、C. L. 布莱克：《海商法》，杨召南等译，中国大百科全书出版社 2000 年版。

　　［25］傅廷中："海难救助行为的构成要件"，载《世界海运》2002 年第 2 期。

　　［26］［加］威廉·台特雷：《国际海商法》，张永坚等译，法律出版社 2005 年版。

　　［27］张文显：《法理学》，高等教育出版社、北京大学出版社 2011 年版。

［28］刘占魁："从'千岛油1号'污染事件说起"，载《中国海事》2005年第4期。

［29］"韩国租赁发展有限公司因船舶碰撞造成船载有毒物质污染海域申请海事赔偿责任限制案"，载 http：//www.chinalawedu.com/news/1900/27/2003/6/dc39521143415163002528_ 2960.htm.

［30］"天津港东部水域船舶碰撞事故污染水域得到控制"，载 http：//news.sina.com.cn/c/2002－11－25/23095155s.html.

［31］司玉琢：《海商法》，法律出版社2003年版。

［32］李志文、高俊涛："海难救助'无效果无报酬'原则的生态化嬗变"，载《法学》2010年第7期。

［33］邓新建、杨慧："海上油污事故频发引出赔偿救捞法律难题"，载《珠江水运》2011年第20期。

［34］杨唐全："环保意识的增强对海难救助制度的影响"，载《中国水运》2006年第7期。

［35］梅宏："环境时代海商法的制度创新"，载《福建政法管理干部学院学报》2005年第3期。

［36］高俊涛、李志文："我国环境救助法律制度构建论纲"，载《环境保护》2012年Z1期。

［37］杨荣波："海难救助中环境救助的法律制度探究"，载《大连海事大学学报》2010年第3期。

［38］罗亿松：《海商法》，中国法制出版社2000年版。

［39］应松年：《行政法学新论》，中国方正出版社2004年版。

［40］李荣珍、李鑫："行政救助制度的内涵和功能"，载《新东方》2010年第4期。

［41］周佑勇、甘乐："论行政救助制度的发展与完善"，载《中南民族大学学报（人文社会科学版）》2008年第3期。

［42］王振耀、田小红："中国自然灾害应急救助管理的基本体系"，载《经济社会体制比较》2006年第5期。

［43］赵颖："服务型政府视角下的应急救助及行政法的回应"，载莫于川主编：《宪政与行政法治评论》，中国人民大学出版2010年版。

［44］孔繁华："和谐社会的政府救助义务"，载《行政与法》2005 年第 9 期。

［45］应松年："论行政强制执行"，载《中国法学》1998 年第 3 期。

［46］马怀德："我国行政强制执行制度及立法构想"，载《国家行政学院学报》2002 年第 2 期。

［47］胡建淼："行政强制措施与行政强制执行的边界划定"，载《法学》2002 年第 6 期。

［48］杨解君、叶树理："关于行政强制若干理论观点的批判"，载《法学》2000 年第 8 期。

［49］朱新力："论行政上的即时强制"，载《浙江学刊》2001 年第 5 期。

［50］应松年："行政强制立法的几个问题"，载《法学家》2006 年第 3 期。

［51］袁曙宏："我国《行政强制法》的法律地位、价值取向和制度逻辑"，载《中国法学》2011 年第 4 期。

［52］胡建淼："'行政强制措施'与'行政强制执行'的分界"，载《中国法学》2012 年第 2 期。

［53］最高人民法院民事审判第四庭、交通运输部救助打捞局：《水上救助打捞精选案例评所》，法律出版社 2011 年版。

［54］郝光亮、张国栋："绝地大拯救'港龙运 3'油轮汽油泄漏特大险情处置纪实"，载《中国海事》，2006 年第 4 期。

［55］邢海宝：《海商法教程》，中国人民大学出版社 2008 年版。

［56］贾林青：《海商法》，中国人民大学出版社 2008 年版。

［57］郑中义、李国平：《海事行政法》，大连海事大学出版社 2007 年版。

［58］杨临宏：《行政法：原理与制度》，云南大学出版社 2010 年版。

［59］王连昌、马怀德：《行政法学》，中国政法大学出版社 2007 年版。

［60］余凌云：《行政契约论》，中国人民大学出版社 2006 年版。

［61］于安："政府活动的合同革命——读卡罗尔·哈洛和理查德·罗

林斯:《法与行政》一书'酝酿中的革命'部分",载《比较法研究》2003年第1期。

[62] 蔺耀昌:《行政契约效力研究》,法律出版社2010年版。

[63] 金涛:《海商法》,人民法院出版社1999年版。

[64] 赵德铭:《国际海事法学》,北京大学出版社1999年版。

[65] 张丽英:《海商法》,高等教育出版社2006年版。

[66] 李克岳:"浅析海难救助的法律性质",载《法制与经济》2011年第12期。

[67] 张丽英、邢海宝:《海商法教程》,首都经济贸易大学出版社2002年版。

[68] 傅廷中:"海难救助及其立法",载《世界海运》2002年第1期。

[69] 王泽鉴:《债法原理(第一册)》,中国政法大学出版社2001年版。

[70] 郑玉波:《民法债编总论》,中国政法大学出版社2004年版。

[71] 王利明:《民法学》,法律出版社2005年版。

[72] 王利明:《民法学》,复旦大学出版社2004年版。

[73] 崔建远:《合同法》,法律出版社2007年版。

[74] 应松年:《行政法与行政诉讼法学》,法律出版社2009年版。

[75] 曲涛:"海上人命救助报酬的探讨",载《航海技术》2003年第5期。

[76] 穆建华:"海上人命救助相关法律问题研究",大连海事大学2011年硕士论文。

[77] 王婵:"关于海上人命救助报酬问题的初探",载《珠江水运》2005年第4期。

[78] "'达飞利波拉'轮抢险救助行动总结大会在厦门隆重召开",载 http://www.xmmsa.gov.cn/html/xmhsj/hszxxx/20110830111183011126485229382.htm.

[79] 江必新:《中国行政诉讼制度之发展——行政诉讼司法解释解读》,金城出版社2001年版。

［80］甘文：《行政诉讼法司法解释之评论——理由、观点与问题》，中国法制出版社 2000 年版。

［81］杨解君：《中国行政法的变革之道——契约理念的确立及其展开》，清华大学出版社 2011 年版。

［82］郭瑜：《海商法的精神——中国的实践和理论》，北京大学出版社 2005 年版。

［83］何丽新：《海商法》，厦门大学出版社 2004 年版。

［84］"世界海上人命救助大会在上海召开"，载 http://news. xinhu - anet. com/politics/2011 - 08/24/c_ 121905869. htm.

［85］王琦、万芳芳："法国海岸警卫队的组建及其对中国的启示"，载《海洋信息》2011 年第 4 期。

［86］张同斌："试论统一我国海上执法队伍的必要性与可行性"，大连海事大学 2002 年硕士学位论文。

［87］刘刚仿："论海难救助的客体"，对外经济贸易大学 2006 年博士论文。

［88］李昊、刘耀东："纯救助的法律性质分析"，载《中国海商法年刊》2007 年第 6 期。

［89］《中国渔业年鉴 - 2011 年》，中国农业出版社 2011 年版。

［90］罗秀兰："民间力量参与海上公益性救助的激励机制探析"，载《广东海洋大学学报》2011 年第 5 期。

［91］章春华："中国海上遇险搜救现状分析及未来发展之对策探讨"，载《天津航海》2004 年第 4 期。

［92］孙富民："东海海域救助统计，分析与对策研究"，载中国国际救捞论坛组委会：《第五届中国国际救捞论坛论文集》，海洋出版社 2008 年版。

［93］Martin Davies, "Whatever Happened to the Salvage Convention 1989", *Journal of Maritime Law & Commerce*, 39 (2008), p. 463.

［94］Bruce D. Landrum, "Salvage Claims for the Navy and Coast Guard: A Unified Approach", *Naval Law Review*, 38 (1989), pp. 213 ~ 231.

［95］Simon W. Tache, "The Law of Salvage: Criteria for Compensation of

Public Service Vessels", *Tulane Maritime Law Journal*, 79 (1984), p. 79.

［96］Francis D. Rose, *Kennedy & Rose Law of Salvage*, London: Sweet & Maxwell, 2009, 7th ed. , p. 281.

［97］*Lloyd's Law Report*, 1 (1998), p. 406.

［98］Joho Reeder, *Brice on Maritime Law of Salvage*, London: Sweet & Maxwell, 2010, 4th ed. , p. 346.

［99］Calls for International Guidelines on Places of Refuge // Press Release, ABS Releases Report on "Technical Analyses Related to the Prestige Casualty", http://www. eagle. org/eagleExternalPortalWEB/ShowProperty/BEA%20Repository/News%20&%20Events/Press%20Releases/2003/March4.

［100］Geoffrey Brice, "Salvage and the Marine Environment", *Tulane Maritime Law Journal*, 70 (1995~199), p. 669.

［101］E. Gregg Barrios, Bedouin L. Joseph, Bradley S. Parker, "Recent Developments in Admiralty and Maritime Law", *Tort Trial & Insurance Practice Law* Journal, 39 (2003~2004), p. 188.

［102］Brian F. Binney, "Protecting the Environment with Salvage Law: Risks, Rewards, and the 1989 Salvage Convention", *Washington Law Review*, 65 (1990), p. 639.

［103］Thomas L. Nummey, "Environmental Salvage Law in the Age of the Tanker", *Fordham Environmental Law Review*, 20 (2009–2010), p. 267.

［104］Jason Parent, "No Duty to Save Lives, No Reward for Rescue – Is That truly the Current State of International Salvage Law", *Annual Survey of International & Comparative Law*, 12 (2006), p. 87.

［105］Bryan C. Reuter, "Life Salvage: Another Call for Reimbursement", *Loyola Law Review*41 (1995~1996), p. 23.

［106］Dana Andrew Lejune, "Life Salvage – Then and Now", *South Texas Law Review*, 22 (1982), p. 579.

［107］Christopher F. Murray, "Any Port in a Storm? The Right of Entry for Reasons of Force Majeure or Distress in the Wake of the Erika and the Castor", *Ohio State Law Journal*, 63 (2002), p. 1465.

[108] *Places of Refuge: Report of the CMI to the IMO.* CMI Yearbook, 2002, pp. 117 ~ 146.

[109] *Lloyd's Law Report*, 22 (1925), p. 275.

[110] *Lloyd's Law Report*, 81 (1947/48), pp. 452 ~ 458.

[111] *Lloyd's Law Report*, 1 (1971), pp. 220 ~ 229.

[112] Coast Guard Clarifies Policy for Non – Emergency Cases, U. S. C. G. 08 – 83 for Release. 1983 – 07 – 22.

[113] Anon, "Historical Evolution of the Office of Chief Counsel – United States Coast Guard", *The Judge Advocate Journal*, 48 (1976), p. 55.

[114] James S. Cohen, "Governmental Claims for Salvage", *Transportation Law Journal*, 11 (1979 ~ 1980), p. 323.

[115] Martin J. Norris, *Benedict on Admiralty*, New York: Matthew Bender, 1997, 7th ed. , pp. 24 ~ 28.

[116] Thomas J. Schoenbaum, *Admiralty and Maritime Law*, New York: Thomson/West, 2001, 3rd ed. . p. 362.

[117] 297 F. 3d 378; 2002 U. S. App. LEXIS 13134; 2002 AMC 1974.

[118] *Lloyd's Law Report*, 1 (1971), p. 225.

[119] *Lloyd's Law Report*, 2 (2002), pp. 602 ~ 610.

[120] *Lloyd's Law Report*, 10 (2011), p. 163.

[121] Steven F. Friedell, "Salvage and the Public Interest", *Cardozo Law Review*, 4 (1982 ~ 1983), p. 431.

[122] CMI, *The Travaux Préparatoires of the Convention on Salvage* 1989, Antwerp: CMI Headquarter, 29 (2003).

图书在版编目（ＣＩＰ）数据

公共当局海难救助报酬请求权研究/刘长霞著. —北京:中国政法大学出版社，2015.4

ISBN 978-7-5620-5985-1

Ⅰ.①公⋯　Ⅱ.①刘⋯　Ⅲ.①海难救助－救助报酬－海商法－研究　Ⅳ.①D996.19

中国版本图书馆 CIP 数据核字(2015)第 064877 号

出 版 者	中国政法大学出版社
地　　址	北京市海淀区西土城路 25 号
邮寄地址	北京 100088 信箱 8034 分箱　邮编 100088
网　　址	http://www.cuplpress.com（网络实名：中国政法大学出版社）
电　　话	010-58908285(总编室) 58908433（编辑部）58908334(邮购部)
承　　印	固安华明印业有限公司
开　　本	880mm×1230mm　1/32
印　　张	6.25
字　　数	165 千字
版　　次	2015 年 4 月第 1 版
印　　次	2015 年 4 月第 1 次印刷
定　　价	22.00 元